Especialización industrial y crecimiento urbano en México

Rosa María García Almada
Isaac Leobardo Sánchez Juárez

Libro de investigación

Primera edición, septiembre 2013

© 2013

Editorial Lulu

Derechos reservados conforme a la ley
ISBN: 978-1-291-44792-7

Queda prohibida la reproducción parcial o total, directa o indirecta del contenido de la presente obra, sin contar previamente con la autorización expresa y por escrito de los editores, en términos de lo así previsto por la *Ley Federal de Derechos de Autor* y, en su caso, por los tratados internacionales aplicables.

Impreso y distribuido por Lulu editorial.
www.lulu.com
Rochester, NY.

Rosa María García Almada es profesora de economía en la Universidad Autónoma de Ciudad Juárez en México. Miembro del Sistema Nacional de Investigadores del Conacyt. Reconocida con el perfil deseable del Promep. Doctora en Ciencias Sociales con especialidad en Estudios Regionales por El Colegio de la Frontera Norte.

Isaac Leobardo Sánchez Juárez es profesor de economía en la Universidad Autónoma de Ciudad Juárez en México. Miembro del Sistema Nacional de Investigadores del Conacyt. Reconocido con el perfil deseable Promep. Doctor en Ciencias Sociales con especialidad en Estudios Regionales por El Colegio de la Frontera Norte

Índice

Presentación	3
Introducción	7
1. Economías de aglomeración, especialización y crecimiento urbano	13
2. Crecimiento urbano en México: Hechos estilizados	35
3. Evidencia econométrica de la especialización industrial y el crecimiento urbano	65
Conclusiones	109
Bibliografía	115
Anexos	119

Presentación

El libro que ponemos a su disposición es el resultado de varios meses de trabajo, está diseñado para un público comprometido con las tareas de investigación económica, particularmente estudiantes y profesores. Es un reporte de investigación que se construye a partir de la identificación y delimitación de un problema, el planteamiento de preguntas de investigación, el establecimiento de una hipótesis, así como objetivos generales y específicos. Por supuesto, expone una metodología y la aplica para contrastar la hipótesis y ver el grado de ajuste de la teoría con la realidad.

La temática abordada es la especialización industrial y el crecimiento urbano en México. Hacemos uso del análisis econométrico retrospectivo, esperando que el estudio del pasado ayude a entender lo que ocurre en el presente. Consideramos que la investigación que ponemos en sus manos puede ser de utilidad para aquellos investigadores ocupados en entender la reestructuración productiva del territorio mexicano, particularmente a partir de la operación del TLCAN.

La investigación realizada y presentada en forma de libro se ubica en el ámbito de la economía regional y urbana, forma parte de nuestra agenda permanente de trabajo y por tanto estamos abiertos al debate crítico de ideas en aras de continuar abriendo nuevos senderos de conocimiento. Esperamos que el libro sea de ayuda y genere el prurito intelectual para que los lectores continúen ampliando la vía de análisis expuesta.

Finalmente, anotar que el libro es producto del apoyo institucional, en este sentido, agradecemos a la Universidad Autónoma de Ciudad Juárez, a través del Instituto de Ciencias Sociales y Administración y el Departamento de Ciencias Sociales. Se reconoce también el apoyo de la Secretaría de Educación Pública a través del Programa de Mejoramiento del Profesorado (proyecto UACJ-PTC-250) y el estímulo otorgado por el Sistema Nacional de Investigadores del Consejo Nacional de Ciencia y Tecnología.

Dra. Rosa María García Almada
Dr. Isaac Leobardo Sánchez Juárez
Ciudad Juárez, Chihuahua, México.

Introducción

En la historia de las ciudades, el comercio ha sido un factor que implica cambios al interior de las mismas, así como a los territorios que las rodean; es de resaltar que las interrelaciones económicas entre los territorios, por sí mismas, implican cambios en la estructuración económica y social, lo que conlleva a que el tamaño de las ciudades también se vea influido. Por ejemplo ciudades cuyo tamaño era pequeño, a través del tiempo y de la interacción económica entre ellas, pueden llegar a complementarse en un conjunto que es nombrado área metropolitana.

Este libro ha elegido como objeto de estudio el crecimiento y la distribución espacial de la industria manufacturera en las ciudades de México a partir del proceso de apertura comercial. Se considera posible y necesario el observar los cambios y diferencias en los procesos de especialización y crecimiento industrial urbano, que han llevado a modificaciones notables de la estructura espacial. Temporalmente, se sitúa la investigación entre 1980 y 1998, durante este tiempo es posible observar lo acontecido con las ciudades y su industria antes y después del proceso de liberalización comercial. Lo anterior permite perfilar las principales tendencias en la estructura urbana y la localización de la industria en el país.

Los cambios en la reestructuración espacial urbana toman relevancia en el estudio de los factores que ocasionan que las ciudades se modifiquen tanto espacialmente como económicamente; el análisis de tales factores y el descubrimiento de ellos se ha debatido en diversos trabajos desde el siglo XIX. Los primeros estudios teóricos de la distribución de la actividad económica en el territorio fueron realizados por Thünen (1826), cuya aportación de anillos concéntricos toma trascendencia en la localización espacial de la actividad dada su distancia al centro de mayor movimiento económico; Hotelling (1929) con un modelo de localización de las empresas bajo condiciones de competencia monopolística; Weber (1929), quien fue pionero en el estudio de la localización regional de la industria; Christaller (1933) con el teorema de los lugares centrales, cuya distribución del espacio toma forma de hexágonos; y, Lösch (1940) con un modelo más avanzado de distribución espacial de las actividades económicas basado en la demanda.

Desde dichas formulaciones iniciales, hasta finales del siglo veinte, los estudios espaciales se centraron en problemas relacionados con las interacciones económicas entre los sectores industriales (insumo-producto regional), las diferencias entre el crecimiento y el desarrollo económico, así como en la distribución de la renta entre las distintas economías (análisis de convergencia). Desde la década de 1960 hasta 1990 los análisis de factores de crecimiento espacial sólo se limitaban al estudio de grandes territorios, por ejemplo la región, los países, los estados, etc., cualquier espacio económico que pudiese delimitarse en términos de la interrelación de una actividad generadora de valor agregado a otra.

Tiempo después, surge la necesidad de complementar los estudios económicos regionales, aterrizando en niveles más desagregados: las ciudades, a partir del surgimiento de nuevos polos económicos derivados de la apertura comercial en los países en desarrollo.[1] Las recientes formulaciones de economía espacial y distribución de la actividad económica en las ciudades han sido desarrolladas por Glaeser, *et al.* (1992), Glaeser y Maré (1994), Henderson y Duncan (1997), Fujita (1999), Fujita, *et al.* (2000), Henderson (1999, 2000); trabajos en los cuales se muestra a las economías externas como parte integral del crecimiento urbano.

Algunos otros teóricos en el estudio de las ciudades son Krugman y Livas (1992), Nigel (1997), Hanson (1992, 1996, 1997 y 2000). En estos trabajos se ha enfatizado la importancia de los rendimientos crecientes a escala como parte fundamental en la transformación de los productos para el mercado internacional, así como las ventajas que en este mercado presentan los diferenciales salariales y las economías a escala.

En lo que respecta a las economías de escala, su estudio no es tan reciente como podría pensarse, dadas algunas de formulaciones modernas, pues a finales del siglo XIX, Marshall (1890), ya había desarrollado el concepto. Este autor hablaba de economías de escala internas y externas; los recientes estudios de economías externas demuestran que las externalidades tecnológicas (como son llamadas en la modernidad las economías externas) y las innovaciones que se internan en una firma hacen que se incremente su productividad con respecto a otras firmas, constituyendo un elemento que incide en la especialización industrial y en la industria de la ciudad (Glaeser, *et al.*, 1992).

Tomando como base el autor anterior, resulta interesante probar empíricamente, si existe correlación positiva entre estas variables, evidentemente esta situación tiene repercusiones y expresiones en los diferentes ámbitos de la vida urbana, tales como la satisfacción de las personas, el bienestar material, el bienestar social, la

---

[1] Algunas economías avanzadas o desarrolladas han encontrado en los países con economías subdesarrolladas, o con poco avance tecnológico, nuevos nichos de mercado. En donde los costos de producción y traslado se han abaratado comparativamente con la producción en su propia localidad.

contaminación, las políticas públicas, el tráfico vehicular, entre otros.

Sin embargo, únicamente se indaga sobre aquellos elementos vinculados con los aspectos propios de la aglomeración industrial, pues con ello se explica tal aglomeración y asimismo el patrón de especialización industrial, estos elementos son: el empleo, los salarios, la productividad, la especialización de la población ocupada en la industria, la diversidad, el tamaño medio de los establecimientos, el valor agregado; así como la proporción que ocupa el sector manufacturero a nivel urbano.

La investigación aquí reportada se centra en 59 ciudades del país. Cabe mencionar que del conjunto de urbes se hacen cuatro tipificaciones del patrón industrial según el tipo de especialización y según la región a la que corresponden, con el fin de concretar el objetivo planteado en la hipótesis de investigación. El primer patrón de industrialización es llamado fronterizo y la región correspondiente son aquellas ciudades que se encuentran situadas en la franja norte del país; el segundo corresponde a las ciudades que si bien no son fronterizas si pertenecen a los estados de la frontera; el tercer patrón lo presentan aquellas ciudades del centro norte cuya especialización se deriva del crecimiento o fortalecimiento de la industria local y, por último, el cuarto patrón de especialización corresponde a la región centro sur, caracterizada por presentar diversificada actividad industrial, ya que incluye ciudades con un alto grado de desarrollo industrial como el área metropolitana del distrito federal, por ejemplo, y ciudades en donde la actividad industrial es de poca importancia.

La información con la que se construye el trabajo reportado en estas páginas se tomó de los Censos Industriales de los años 1981, 1986, 1989, 1994 y 1999 publicados por el Instituto Nacional de Estadística y Geografía (INEGI). De estos censos se tomaron datos para aquellas ciudades cuya población fuese mayor a los 250 000 habitantes en el año 2000; con el fin de obtener una muestra nacional representativa de medianas y grandes ciudades, la muestra estuvo integrada por 36 áreas metropolitanas y 23 ciudades medias, en adelante todas serán llamadas ciudades o urbes a fin de evitar confusiones.

Aclarado lo anterior, se destaca que uno de los objetivos centrales consiste en demostrar que las ciudades del norte han crecido más que el resto de las ciudades del país. Mientras que la hipótesis sustentada afirma que existen diferencias estructurales en las economías de las ciudades de la región norte y, por tanto, patrones diferenciados de crecimiento y especialización con relación a otras regiones del país. La investigación también pretende encontrar y analizar los factores de crecimiento presentes en cada ciudad.

Los objetivos específicos son: i) Elaborar una tipología de la especialización industrial de las ciudades, tomando como estudio de caso la delimitación de cuatro distintas regiones, con patrones de comportamiento industrial diferentes; ii) explicar la relación existente entre especialización industrial, aglomeración e incremento del valor agregado como factores que inciden en el crecimiento urbano, en las regiones; iii) determinar en qué medida dichos factores contribuyen al crecimiento urbano en un contexto de apertura comercial y, establecer las posibilidades y límites de dicho crecimiento.

El libro tiene tres capítulos. En el primero se expone el sustento teórico, se desarrolla la teoría de las externalidades como parte de las economías de aglomeración. En el segundo se presenta un marco de discusión económica, haciendo énfasis en la transformación de los patrones industriales y de crecimiento urbano. Asimismo se hace una regionalización de las ciudades en estudio y se establecen las diferencias estructurales en los patrones de industrialización, presentes en cada una de las regiones. En el tercero se realiza un análisis estadístico y econométrico de las variables especificadas en el modelo empírico. Por último, se presentan las conclusiones generales y se establece la agenda de investigación.

1
Economías de aglomeración, especialización y crecimiento urbano

Hacia finales del siglo veinte, la evolución demográfica y la marcha de la economía han tenido una expresión territorial que advierte cambios en la distribución regional de la población y las actividades económicas, así como transformaciones en la distribución por tamaño, número y localización de las áreas urbanas. Esta desigualdad obedece a patrones y factores locacionales de las actividades económicas no agropecuarias, mismas que tienden a concentrarse generalmente en las ciudades.

Autores como Marshall (1890), Hoover (1948) y Fujita (1999), entre otros, mencionan que el fenómeno de concentración de empresas y el crecimiento urbano se unen en la idea de la aglomeración industrial. Es por ello que el objetivo de este capítulo consiste en encontrar un cuerpo de ideas que sirva de referencia, a fin de concretar los conceptos de economías de aglomeración, especialización industrial y crecimiento urbano. De tal forma, que permita contribuir a explicar ¿por qué y cómo crecen las ciudades en México? y ¿por qué los patrones de crecimiento se muestran diferentes entre las regiones del país?

Específicamente el presente capítulo integra cuatro subtemas que describen cada concepto dentro de la visión de autores clásicos como Marshall, Hoover y Ohlin; así como Henderson, Glaeser, Arrow, Romer, Fujita, y otros. Adentrándonos en ésta problemática desde una perspectiva urbana en la territorialidad mexicana se revisan autores como Garza (1980, 1989, 1992, 1996), Garza y Rodríguez (1998), Sobrino (2003), Hanson (1992, 1996, 1997), Krugman y Livas (1992), Hiernaux (1995) y Villarreal, Mignot y Hiernaux (2003).

El primer subtema se centra en el análisis de las economías de aglomeración; iniciadas por Alfred Marshall (1890), seguidas por Ohlin (1933), y posteriormente por Hoover (1948). En el segundo se indaga sobre la especialización industrial, partiendo del análisis de coeficientes de localización y se hace una especificación de éstos coeficientes en un contexto urbano. En el tercer apartado se hace un análisis de la concentración de las actividades económicas al estilo de Jacobs, lo que permite conocer la estructura económica de las urbes en estudio y, observar los patrones de comportamiento industrial, según el grado de concentración y/o diversificación de la industria en la localidad.

En un cuarto subtema se describe la idea del crecimiento urbano o crecimiento en las ciudades a partir del resumen sobre el concepto de externalidades a la Marshall-Arrow-Romer (externalidades MAR) descrito por Glaeser, *et al.* (1992). Lo anterior servirá para verificar si los patrones de localización de las ciudades obedecen al comportamiento que se ha planteado en la hipótesis de investigación, así como para conocer los límites y las posibilidades del crecimiento económico.

1.1 Economías de aglomeración

Después del desarrollo de economías externas de Marshall (1890); uno de los primeros autores en mostrar cuáles rendimientos crecientes externos a la firma pero internos a la industria en la ciudad son la causa de la aglomeración fue Henderson (1974). Tiempo después, Fujita (1999) expresó una función de producción representativa de las economías externas Marshallianas, en donde dichas economías pueden ser aprovechadas por igual en todas las empresas de la industria en la ciudad cuya tendencia termina en la aglomeración. Un aspecto a señalar es que, mientras mayor sea la aglomeración de empresas industriales en la ciudad, mayores serán las externalidades locales.

Las aportaciones de estos autores, remite a vincular las economías de aglomeración con la especialización industrial; lo que da origen a la expansión económica de la industria y considerando que existe una gran relación entre las industrias y las ciudades, esto permite explicar el crecimiento urbano. Dado el planteamiento de las economías Marshallianas (donde, el beneficio económico que se obtiene es resultado del distanciamiento entre una industria y la otra, además del intercambio de conocimientos), algunas veces son llamadas economías de localización o bien economías MAR (Marshall, Arrow, Romer); en donde la especialización industrial se deriva de tener industrias con actividades relacionadas.

A las externalidades derivadas del contexto de urbanización, como la de Jacobs (1969), se les considera dinámicas, donde su base principal es el grado de diversidad que presenta la industria en la ciudad. Henderson y Black (1997), hicieron un estudio de la evolución de las ciudades norteamericanas desde 1900 a 1950, en el cual muestran un modelo de decisión de migración entre dos tipos de ciudades; ellos encuentran que, sí la ciudad uno presenta un alto grado de diversificación, es el resultado de un alto grado de acumulación de capital humano y sí el crecimiento urbano es similar en ambas ciudades, entonces el tamaño y la acumulación de capital humano se distribuye equitativamente en ambas; de lo que se concluye que sí el grado de diversificación es menor en la ciudad alternativa entonces su tamaño relativo también es menor.

El concepto de economías externas provee un marco que permite medir las economías de escala, su uso es conveniente tanto en la explicación de la aglomeración espacial de empresas, como de población. Este criterio es aplicado con regularidad porque permite dar una explicación a la especialización industrial en la economía moderna, donde cada ciudad se asienta sobre la base de una industria básica, que consiste en un conjunto de empresas con giro similar produciendo bienes comerciales similares.

La respuesta a por qué las firmas producen el mismo bien y se aglomeran en conjuntos, se encuentra a que en la aglomeración encuentran beneficios, así como en la producción del mismo bien. Las empresas se aglomeran por varias razones: subcontratación de empresas con servicios especializados, formación de trabajadores calificados, mejor acceso a tecnologías y a información de mercados, uso de infraestructura común disminuyendo costos de trasporte en los procesos de producción, entre otros. Es decir, sí la producción de una firma usa como insumo los productos de otra firma, las dos firmas deben encontrar economías de escala por localizarse una cerca de la otra (Fujita, 1999).

De manera semejante al autor anterior, McDonald (1997) hace un resumen de las economías de aglomeración vía economías de escala. El autor destaca a Marshall (1890), pues existen tres razones por las que a un productor le resulta ventajoso situarse cerca de otros productores de la misma industria, estas tres razones se resumen en el concepto de economías externas Marshallianas o tipo MAR.

Ohlin (1933: 203), provee un sistema estándar para clasificar las economías de aglomeración, sugiere los siguientes factores como generadores de aglomeración industrial: i) Las economías de escala de las empresas; ii) las economías de localización, las cuales surgen por el tamaño de la industria local y son externas a las empresas individuales; iii) las economías de urbanización que surgen del tamaño de la economía local y son externas a la industria local.

Poco tiempo después Hoover (1948) usó el término economías de localización y economías de urbanización (es decir las dos últimas categorías de Ohlin), además de agregar las economías de aglomeración estáticas; Hoover también indicó una cuarta economía de aglomeración, los enlaces inter-industriales, los cuales surgen de los costos de trasporte en los bienes intermedios y en otros insumos primarios.

Las economías de escala internas a las empresas, son creadas para expandir su producción desde una localización singular. Otras economías de escala surgen cuando las firmas incrementan su tamaño o se establecen en una nueva localización, éstas son llamadas economías de escala externas. Las economías de urbanización se entienden como la reducción de costos para una industria que surge del tamaño de la economía local (McDonald, 1997: 38).

A partir de lo anterior, se puede hacer al menos dos clasificaciones de las economías de escala; en la primera clasificación entrarían las economías de escala externas que son producto del costo unitario, el cual depende del tamaño de la industria pero no necesariamente del tamaño de cada una de sus empresas y en la segunda clasificación entrarían las economías a escala internas, cuyo costo unitario si depende del tamaño de cada empresa particular (McDonald, 1997).

Asimismo, en el desarrollo de esta investigación, las primeras son de interés en la explicación del ¿por qué crecen las ciudades? Las segundas se muestran interesantes en este libro porque no dependen de la economía local sino de la organización económica de las empresas, lo cual muestra la competitividad industrial vía sus economías internas al estilo de Krugman y Venables (1993). Para éstos autores la especialización industrial es un factor que incide en las economías internas mediante los rendimientos crecientes a escala o bien las economías de escala.

Hasta ahora se ha indagado sobre el concepto de economías externas; sin embargo, no se han definido con precisión ni se han descrito los tipos economías que se pueden encontrar en donde surja aglomeración de la actividad económica; por tanto, en lo siguiente, se abordan los tipos de economías externas y se define cada una de ellas diferenciando las que pueden ser generadas por las propias industrias y las que surgen de la economía local.

Las economías de escala internas a la industria, como indica su nombre están relacionadas con el tamaño de la industria; es decir, la escala de producción en aquellas industrias para las cuales es muy importante reducir el costo de producción vinculado al costo de trasporte, haciendo necesario ubicarse cerca o dentro del mercado.[1]

Otro tipo, las economías de localización, relacionadas con la conceptualización de Marshall (1890) son externalidades positivas derivadas de la localización conjunta de empresas que pertenecen a la misma industria en particular; las industrias en esta localización obtienen beneficios tales como: el intercambio de ideas o conocimiento (*spillover* de conocimientos), la disponibilidad de un conjunto de fuerza de trabajo calificada sin costo alguno, disponibilidad de bienes, insumos intermedios y servicios calificados que son de uso específico a la industria.

---

[1] Véase Richardson (1978), Krugman y Livas (1992), Hanson (1992, 1997) y Venables (1996).

Las economías de urbanización fueron llamadas así por Jacobs (1969), ella describe que la más importante transferencia de conocimiento se traslada de una firma que viene de la industria. Este tipo de externalidades son derivadas del conjunto de la economía local; es decir, se derivan del ambiente histórico industrial local. Se puede deducir que es común encontrar este tipo de economías en las ciudades, en donde la variedad y diversidad de bienes y servicios se relaciona con su mayor tamaño (Glaeser, *et al.*, 1992).

Existe dificultad para reconocer aquellas externalidades que son derivadas de la proximidad geográfica y aquellas que se derivan de la industria local; por ejemplo, el tamaño de la escala de la empresa, la diversidad y el ambiente industrial local. Sin embargo, sí las externalidades son derivadas de la diversidad y la escala del ambiente industrial alrededor de la localidad, estas pueden ser consideradas economías externas generalizadas o economías de urbanización (Jacobs, 1969).

Las economías de aglomeración son atractivas porque permiten explicar simultáneamente la localización en la cual las empresas tienden a establecerse y, el por qué crecen tales localizaciones. Las economías de localización implican que las industrias se especialicen geográficamente para absorber los derrames de conocimiento entre las empresas; así las industrias especializadas regionalmente muestran rápido crecimiento porque sus empresas vecinas pueden aprender de las otras con mayor facilidad que las aisladas geográficamente.[2]

Por su parte, las economías de urbanización implican que las industrias tienden a localizarse en áreas con alta diversificación industrial y con gran escala, estimulando derrames de conocimiento entre las industrias así como en la demanda local, factor que induce al crecimiento económico en esas áreas. Recientemente, ha surgido un debate en la literatura empírica sobre las economías de aglomeración, concerniente a la cuestión de diferenciar las

---

[2] La desconcentración de la actividad económica es eficiente por dos razones; en primer lugar, la economía puede cubrir recursos de infraestructura y derramar el conocimiento hacia las áreas vecinas; en segundo lugar, las ciudades inicialmente cuentan con una alta concentración de la población, de esto se derivan los altos costos de congestionamiento de la localización, lo cual hace que la localización tanto para los productores como para los consumidores y/o trabajadores sea poco eficiente. Sin embargo, cualquiera que sea el grado de concentración urbana en un punto en el tiempo, los países tienden hacia la sobre concentración urbana lo que se traduce en un costo del crecimiento (McDonald, 1997).

economías de aglomeración estáticas de las dinámicas. Por lo que hay que hacer notar; las economías de aglomeración son dinámicas sí y solo sí el ambiente histórico industrial en la localidad es un aspecto relevante para explicar los beneficios que las empresas obtienen de la proximidad geográfica. Esto es, una industria tiende a localizarse y a crecer rápidamente en localizaciones donde la propia industria es representativa (Krugman, 1991).

Asimismo, las economías de aglomeración son estáticas sí y solo sí el ambiente industrial contribuye a la explicación de los beneficios contemporáneos que las firmas encuentran de la proximidad geográfica a consecuencia de los patrones de localización y del crecimiento (Henderson, 1999).

Las economías de escala externas e internas actúan de manera diferente entre las industrias; una industria en la que las economías de escala sean externas estará formada (generalmente) por una variedad de pequeñas empresas y la libre competencia tendrá juego en el mercado, que es en sí el supuesto principal de los estudios de crecimiento de las ciudades. Las economías de escala internas se producen cuando el costo unitario depende del tamaño de la empresa individual; por lo que las grandes empresas tienen una ventaja de costos sobre las pequeñas y conducen a una estructura de mercado de competencia imperfecta. En resumen, para conocer el grado de aglomeración de una industria en la ciudad es necesario establecer un vínculo a las economías externas que presentan las industrias, así como la distribución espacial de las mismas en el territorio.

1.2 Especialización industrial

Las ciudades son centros dinámicos de cambios que intervienen en la distribución de las actividades económicas en el plano nacional. Ejemplo de ello es la globalización económica, la cual ha implicado modificaciones radicales en la estructura económica urbana, redefiniendo los viejos patrones de asentamientos (Nigel, 1997).

Sin embargo, cada ciudad es económicamente peculiar, los datos agregados (tales como los datos geográficos) ocultan el grado de especialización, es decir; cada ciudad entra en un proceso de liberalización común, se encuentra dotada de diferentes recursos, diferentes estructuras institucionales, características físicas, etc., cada ciudad tiene un perfil que incide de manera diferente a diferentes sectores y es variable entre las ciudades. En un estudio respecto a la especialización (Aydalot, 1987), se destaca la necesidad de clasificar las áreas urbanas no en función de su tamaño, sino de su especialización y su capacidad para adoptar nuevas formas de organización, tecnologías y funciones.

Sí bien la especialización es una parte del conjunto de economías externas, el objetivo que persigue la presente obra es observar y distinguir los patrones espaciales que se ofrecen en las distintas regiones y comprobar que la especialización espacial se ha transformado desde 1980 a 1998.

Como lo mencionan Cota y Rodríguez (1999), la especialización permite conocer la etapa en donde se encuentra una zona metropolitana. Su aportación se reseña en cuatro fases económicas en las ciudades: i) La de comercialización de productos agropecuarios (estas ciudades tienen estrechos vínculos con las actividades primarias); ii) la de trasformación de la materia prima (proceso de industrialización); iii) la del desarrollo del comercio con cierta diversificación de los productos manufacturados; y iv) la de servicios colectivos, resultado del crecimiento de las ciudades; servicios al consumidor, que también se relaciona con dicho crecimiento y, servicios al productor vinculados con el desarrollo de actividades manufactureras.

En el desarrollo de este trabajo no es interesante, sin dejar de ser importante, el estudio de las ciudades que presentan la primera fase de especialización económica, aunque no se descarta la posibilidad de que las urbes en estudio tengan la capacidad de vincularse con actividades primarias en una etapa temprana de industrialización. Las últimas tres fases permiten conocer el grado de especialización de cada industria, en cada uno de los sectores para establecer la etapa de industrialización en la que se encuentra cada centro urbano y así, poder establecer un patrón que tipifique el grado de industrialización y permita medir la especialización en cada región para la muestra de ciudades.

Comprobando que la especialización es un factor que incide en las características estructurales del proceso de crecimiento; un estudio reciente en el que se observa que el crecimiento del empleo en la ciudad es proporcional a la población de la misma, es el de Dinlersoz (2002); el autor demuestra que el tamaño y el número de establecimientos en una ciudad industrial es determinante del tamaño de la urbe, condicionada por la distribución del empleo en la ciudad.

Tal y como lo demuestra Henderson (1999), en muchas ciudades existe un alto grado de aglomeración de las industrias en donde el empleo es su principal fuente de atracción, al estilo de las economías Marshallianas; derivadas de la cercanía de compradores, vendedores y otros servicios al productor (Fujita, Krugman y Venables, 1999). De tal manera que la aglomeración de productores en una ciudad incrementará la disponibilidad de producir servicios (Venables, 1996). Esta cuestión es importante para entender el porqué del desarrollo regional y la aglomeración industrial regional, además de la explicación a la existencia de economías de urbanización.

Mediante el uso de coeficientes de localización (LQ_i) se puede visualizar un panorama de la localización de los sectores industriales en cada urbe. La fórmula básica de un LQ_i es la siguiente:

$$LQ_i = \left[\frac{\left(\dfrac{x_i^{cu}}{x^r}\right)}{\left(\dfrac{x_i^n}{x^n}\right)} \right]$$

Donde, LQ_i es el coeficiente de localización del empleo en la industria i en el espacio geográfico deseado; x^{cu}_i representa el empleo del sector i en el centro urbano cu; x^r representa el total del empleo en el centro urbano cu; x^n_i es el empleo del sector i en la nación n y por último, x^n es el total del empleo en la nación n.

Por tanto, sí se hace una separación del numerador y del denominador, el primero representa la proporción del total de empleo regional que es remitido en la industria i en el centro urbano cu y, el denominador tiene el mismo significado sólo que en el nivel nacional.

Con esta definición se puede tener un LQ_i mayor, menor o igual a uno. A manera de referencia y dado que esta investigación se ocupa del crecimiento urbano,[3] cabe señalar que se espera que este coeficiente sea al menos ($LQ_i \geq 1$) cuando la ciudad se encuentre especializada en algún subsector de la industria; sin embargo también pueden existir ciudades en donde el coeficiente se presente menor a la unidad.

Para conocer cuan especializada está una ciudad, es necesario establecer que si bien el coeficiente de localización que mide la especialización en el centro urbano ofrece elementos para conocer las limitaciones del grado de crecimiento, también es importante tener presente que las ciudades tienen diferentes características y que dicha diferenciación puede jugar un papel importante en el grado de desarrollo industrial; esto es, la diversificación de la estructura industrial.

---

[3] Se explicará cada caso de LQ_i en el segundo capítulo del libro.

1.3 Diversidad de la actividad económica

El presente apartado tiene por objetivo calificar el grado de diversificación urbano industrial, con el fin de profundizar sobre las implicaciones y efectos que tanto la diversificación como la especialización industrial tienen en el crecimiento de las ciudades.

El índice de la diversidad productiva o índice de Hirschman-Herfindhal es usado por diversos autores para tipificar la estructura productiva de una localización con el fin de medir la concentración del mercado en esa localización; este índice tiene la siguiente estructura:[4]

$$Div_j = \sum_i \left[\left(\frac{L_{ij}}{L_j} \right)^2 \right]$$

En donde L indica empleo, i sector y j municipio; cuando el índice se acerque a cero esto significa que existe un alto grado de diversificación y si por el contrario el índice se acerca a uno entonces el grado de diversificación es menor.

Este índice es una medida de las economías externas tipo Jacobs (1969); es decir, permite medir el grado de diversificación industrial para determinar si este tipo de economías son importantes en las decisiones de localización de las industrias, así como el impacto de ellas en el crecimiento urbano. Sin embargo, los resultados arrojados por este índice son relativos pues sólo explican cuan diversificada o cuan concentrada esta la actividad industrial en una localización. De esta manera y con el fin de describir el concepto de crecimiento urbano desarrollado, se sigue una introducción al mismo, dado que es objeto central de la investigación.

1.4 Crecimiento urbano

La relación entre industrialización y aglomeración se fundamenta en la interdependencia entre el crecimiento industrial y la concentración geográfica de una industria (Hanson, 1997). Para la formación de ciudades, la más importante externalidad generadora de economías de aglomeración es aquella que se deriva de los bienes públicos (locales), disfrutados y/o consumidos por todos los agentes en la ciudad (Fujita 1999); sin embargo, tecnologías tales como las

---

[4] Para profundizar sobre el uso de este índice, como factor determinante de la localización industrial, revise autores como Hanson (1992, 1997), Krugman (1991), Krugman y Livas (1992), Puga y Venables (1996), Henderson (1974, 1997, 1999) y Moreno (1996).

de las comunicaciones y las mejoras al trasporte han hecho posible la integración de núcleos urbanos distantes en las que el espacio no es necesariamente una metrópoli, como muestran los estudios de Richardson (1978), Henderson y Duncan (1997) y Glaeser, *et al.* (1992).

McDonald (1997) expresa que las ciudades son formadas por las decisiones de localización de las empresas y las viviendas; además explica dos modelos del porqué de la localización de una empresa. En el primer modelo, se establece un patrón de localización cerca de los consumidores y el segundo, un patrón de localización cerca de los productores, lo que implica estar cerca de los insumos, ambos son determinantes del costo de trasporte; siendo este uno de los factores considerados en la literatura como relevantes para entender los procesos de localización industrial (Hanson, 1996, Krugman y Livas, 1992 y Krugman, 1990).

Los dos modelos de localización para las empresas presentan contradicciones. Por lo que, además de los modelos anteriores, se ofrece un modelo de localización alternativo denominado "principio de localización media", en el cual se establece que una empresa se localiza en algún sentido a la mitad de la distancia entre sus consumidores y productores, además provee una razón del porqué crecen las ciudades (McDonald, 1997). En cierto sentido el principio anterior es cierto, a pesar de que en él no se capturan los derrames de conocimiento, para contemplar dichos derrames entre las empresas en una industria, en la investigación se hace uso de la externalidad tipo Marshall-Arrow-Romer (MAR).[5]

Aplicado para las ciudades Marshall (1890) expresa que la concentración de una industria en una ciudad ayuda a los derrames de conocimiento entre las empresas, lo mismo que al crecimiento de la industria y la ciudad. Porter (1990) al igual que MAR argumenta que los derrames de conocimiento en la especialización y la concentración geográfica de industrias estimula el crecimiento; e insiste en que la competencia local es más favorable que el monopolio local, pues de esa manera se adopta rápidamente la innovación. En los estudios recientes de competencia internacional se comprueban que tanto las externalidades tipo MAR como las ideas de competencia del monopolio local al estilo Porter tienen

---

[5] La proximidad espacial promueve los derrames de información entre los productores, haciendo que se vuelvan eficientes y funcionales los mercados (Henderson, 2000); además reduce los costos de trasporte que forman parte del intercambio de componentes entre productores y vendedores de residencia local.

trascendencia en la aglomeración de firmas en las ciudades industriales.

Por su parte Jacobs (1969), difiere con MAR y Porter, ella cree que las grandes e importantes trasferencias de conocimiento suceden fuera del núcleo industrial. Surgen como resultado de la variedad y diversidad geográfica de las industrias próximas, indica que la tasa de especialización y concentración geográfica promocionan la innovación y el crecimiento. La idea de innovar fuera del núcleo industrial ha sido rechazada porque se ha demostrado que la transferencia de tecnología se genera con la proximidad de las industrias y la interconexión económica entre ellas. Las teorías de MAR y Porter, explican que la especialización regional entre las firmas absorbe los derrames de conocimiento (Glaeser, *et al.*, 1992).

Las teorías no siempre son mutuamente excluyentes, pero ofrecen diferentes visiones sobre qué es lo más importante. Diversos estudios empíricos muestran a las ciudades con industrias de rápido crecimiento como una función de la especialización geográfica y la competencia, con esto podemos aprender cuáles son las externalidades importantes para el crecimiento.

Glaeser (1999) se pregunta si las externalidades MAR no son importantes, por qué hay muchas ciudades especializadas en unas pocas industrias. Éstas y muchas externalidades explican la especialización regional y la formación de las ciudades pero no se enfocan específicamente sobre los derrames de conocimiento, explícitamente sobre el crecimiento. La localización de externalidades estáticas puede que sean encontradas fácilmente en la especialización pero no en el crecimiento, según lo argumenta el autor; sin embargo, en el desarrollo de la investigación se intenta explicar que ambas ideas (tanto las externalidades dinámicas como las estáticas) pueden convivir en el mismo ambiente industrial y a su vez ser factores explicativos del crecimiento urbano-industrial.

En el enfoque MAR y en el modelo de Porter se agrega que la mejor y más importante externalidad tecnológica ocurre dentro de una industria. Sin embargo, para la perspectiva MAR, el monopolio local es bueno porque permite la "internalización de las externalidades",[6] en contraste, Porter argumenta que la competencia local es buena porque fomenta la imitación y la innovación.[7]

Glaeser, *et al.* (1992) resume las tres teorías (Jacobs, MAR y Porter) con el fin de construir un modelo económico como guía para su trabajo empírico. En el modelo se supone una empresa de alguna industria en una localización dada, con una función de producción de un producto dado por un conjunto, tal que: $A_t f(T_t)$, donde A_t representa el nivel total de tecnología en un tiempo t medido nominalmente (los cambios en A representan cambios en tecnología y cambios en el precio), y T_t es el insumo trabajo a un tiempo t. La función básica de producción $f(T_t)$ abstrae los insumos de capital.

El autor argumenta que cuando en la producción del bien se utiliza solo un insumo, el modelo no capturará la innovación tecnológica que ahorra mano de obra (industrias intensivas en bienes de capital), ni tampoco aquellas innovaciones que solo producen una extensa acumulación de capital físico o económico. Sin embargo, en el trabajo de investigación se ha hecho una adaptación de este modelo para capturar aquellas industrias que son intensivas en mano de obra y aquellas en la que los factores de capital son la principal fuente ahorradora de trabajo.

Dadas las condiciones de la información en México, no se cuenta con una medida de productividad total que permita medir los diferentes tipos de progreso tecnológico; por lo que se supone que cada empresa en la industria es tomadora de tecnología, precios, y salarios.

El precio del insumo trabajo está dado por los salarios denotados por E_t, su función de maximización es la siguiente:

$$A_t f(T_t) - E_t T_t \tag{1}$$

Considerando el principio de productividad marginal, es decir que el precio del producto se iguala al costo del mismo, incluyendo cambio técnico; el conjunto de insumos de trabajo es igual al producto marginal del trabajo medido por su salario, es decir su precio, expresado de la siguiente forma:

---

[6] El tamaño eficiente de una ciudad es definido por un nivel dado de tecnología y amenidades locales en el cual se supone que las ciudades tienen un subsidio eficiente para la localización industrial cuando internalizan sus externalidades locales a escala (Fujita, 1999).

[7] En el trabajo empírico se ha de encontrar que los efectos de ambas: especialización y competencia local, incide sobre el crecimiento de las industrias en las ciudades.

$$A_t f'(T_t) = E_t \tag{2}$$

Se puede rescribir la ecuación (2) en términos de tasas de crecimiento como:

$$\log\left(\frac{A_{t+1}}{A_t}\right) = \log\left(\frac{T_{t+1}}{T_t}\right) - \log\left[\frac{f'(E_{t+1})}{f'(E_t)}\right] \tag{3}$$

Siguiendo con la interpretación de Glaeser, *et al.*, (1992), el nivel de tecnología A_t en una ciudad-industria ha de suponerse que captura componentes tanto nacionales A_n como componentes locales A_u, es decir:

$$A_t = A_u + A_n \tag{4}$$

La tasa de crecimiento del nivel de tecnología debe ser la suma del incremento de la tecnología nacional en la industria y el incremento en la tecnología local:

$$\log\left(\frac{A_{t+1}}{A_t}\right) = \log\left(\frac{A_{u,t+1}}{A_{u,t}}\right) + \log\left(\frac{A_{n,t+1}}{A_{n,t}}\right)\frac{n!}{r!(n-r)!} \tag{5}$$

Donde, u y n son urbano (o local) y nacional, respectivamente. El autor señala que una cuestión importante es que el primer elemento del lado derecho de la ecuación, captura las economías externas locales, de especialización o de diversidad (tipo Jacobs), lo que se considera tiene un efecto importante sobre el crecimiento urbano.

Además se ha de suponer que el crecimiento de la tecnología nacional captura los cambios en el precio de los productos (inflación), así como los cambios en la tecnología nacional en la industria. Se supone además que la tecnología local en el centro urbano crece a una tasa exógena de la firma, pero a su vez depende de la presencia de las externalidades tecnológicas en esa industria en la ciudad.

El modelo para probar la hipótesis de investigación se expresa de la siguiente manera:

$$\log\left(\frac{A_{u,t+1}}{A_{u,t}}\right) = g \text{ (Especialización tipo MAR, monopolio local (tipo Porter),} \tag{6}$$
$$\text{diversidad (tipo Jacobs), condiciones iniciales, salarios)} + e_{t+1}$$

En donde la especialización será probada mediante los coeficientes de localización expresados con anterioridad; la diversidad de la industria en la ciudad es probada en el modelo utilizando dos variables, la primera es un diversidad simple tipo Hirschman-Herfindhal y la segunda es una clasificación de la anterior utilizando la suma de la diversidad en cada rama sin incluir a la rama que se intenta medir;[8] el monopolio local será medido con una variable indicadora del tamaño medio de los establecimientos y con un índice de competitividad industrial, así como las condiciones iniciales de la industria en cuatro diferentes periodos.[9]

Para medir los salarios también se utilizan dos variables; en la primera se utiliza la medida de salarios reales simples lo cual, no es más que el cociente de dividir las remuneraciones totales de la industria entre el personal ocupado de la misma. La segunda es una medida del diferencial de salarios, se calcula tomando como base una media muestral más el resultado de la diferencia de salarios de un periodo a otro.

Retomando la ecuación (6), la especialización es una medida de concentración de la industria en una ciudad. MAR y Porter creían que la tasa de concentración se incrementaba con el progreso técnico; el monopolio local es una medida de apropiación de la innovación, que incrementa el progreso tecnológico según MAR y se reduce según Porter; y la diversidad mide la variedad de actividades que una ciudad persigue, acorde con Jacobs la velocidad de ésta variable eleva el progreso técnico.

De tal forma que, sí se tiene un conjunto tal que $f(T)=T^{1-a}$, donde $0 < a < 1$, según lo explica Glaeser, *et al.* (1992), combinando (3), (5), y (6) se obtiene una medida de la especialización, el monopolio local y la diversidad en una ciudad de manera empírica. Sin embargo, se han agregado otros índices tales como la productividad laboral y los salarios con el fin de comprobar la hipótesis de investigación, la ecuación a probar es la siguiente:

$$\alpha \log\left(\frac{T_{t+1}}{T_t}\right) = -\log\left(\frac{E_{t+1}}{E_t}\right) + \log\left(\frac{A_{n,t+1}}{A_{n,t}}\right) + g \begin{pmatrix} \text{Especialización,} \\ \text{competencia,} \\ \text{diversidad,} \\ \text{condiciones iniciales,} \\ \text{productividad laboral,} \\ \text{bajos salarios} \end{pmatrix} + e_{t+1} \quad (7)$$

---

[8] La primera clasificación de diversidad permite medir el grado de diversificación en la industria en la ciudad y la segunda permite medir lo mismo pero al interior de las ramas que componen la industria.

[9] Los periodos de observación están determinados por los censos industriales: de 1980 a 1985, de 1985 a 1988, de 1988 a 1993 y de 1993 a 1998.

El crecimiento en la industria del empleo nacional se supone que captura los cambios en los precios y la tecnología, nacional. En el modelo de empleo, se supone que los trabajadores participan en un mercado laboral nacional, donde el aumento salarial es constante entre las ciudades-industrias; sin embargo, este supuesto se trata de romper en el modelo empírico de investigación, pues algunos estudios en México como los de Hanson (1992, 1997) demuestran que en el país la movilidad laboral responde a los diferenciales de salarios. No obstante, la ecuación (7) permite asociar el crecimiento del empleo en una industria en la ciudad, medida por las externalidades tecnológicas dadas por las teorías.

En este modelo se supone un sencillo mercado laboral, sí los trabajadores participan en el mercado laboral industrial entonces la tasa de crecimiento del empleo, formulada por:

$$\log\left(\frac{T_{t+1}}{T_t}\right)$$

es decir el cambio en el empleo en un año *t* se verá reflejado en un cambio en el empleo en el siguiente año *t+1*, así el crecimiento del empleo en la industria puede recoger los cambios en los salarios, expresados por:

$$\log\left(\frac{E_{t+1}}{E_t}\right)$$

Cabe señalar una especificidad del modelo expresado en la ecuación (7), pues sí los trabajadores participan en un mercado laboral que convoca a una gran suma de emigrantes por largos periodos de tiempo, entonces, los salarios deberán cambiar tanto como los cambios en el empleo, esto se reflejará en las tecnologías locales y en la productividad laboral. Una especificación adicional, se asume en las tres teorías que los derrames de conocimiento son constantes sobre el tiempo y afectan tanto a las industrias maduras, como a las jóvenes.

Haciendo referencia a las externalidades tecnológicas y vinculándolas con el crecimiento urbano, Richardson (1978), dice que la razón fundamental del porque existen las ciudades es económica; pues el hecho de que no exista la ubicuidad de recursos ni los rendimientos constantes es una justificación suficiente para la existencia de las urbes, así como la presencia de economías de escala o de algún otro factor que incremente la productividad en la agricultura.

La justificación del autor para la existencia de las ciudades es convincente pero no es útil porque no permite medir directamente el crecimiento de las urbes, no facilita el obtener una medida que sea empíricamente aplicable. Para esta investigación, es necesario, conocer cuáles son los criterios para la formación de las ciudades, al respecto Fujita, Krugman y Venables (1999) utilizan una taxonomía que se deriva de las decisiones de localización de las plantas productivas.

Ellos afirman que la más importante decisión de localización de las firmas se debe al tamaño de mercado; es decir, el proceso de ajuste para la localización de la industria urbana es gradual al crecimiento de la población respecto al tiempo (Fujita, Krugman y Venables, 1999: 152).[10] Los autores consideran que sí el tamaño de la población es mayor que la media aritmética de la población del conjunto de urbes, entonces su crecimiento ha sobrepasado el límite y por tanto existe tanta concentración demográfica que es posible que la tasa de salarios de la localidad sea menor que en donde existe menos oferta laboral.[11]

Al respecto Hanson (1997) concluye que la aglomeración de la actividad económica necesita que la fuerza laboral se localice en un área colindante al lugar de trabajo; de tal manera que para atraer a los trabajadores, las firmas deben compensar los costos de la congestión pagando salarios relativamente más altos pues los trabajadores solo aceptarán un salario más bajo si los costos de la congestión también lo son.[12]

---

[10] Sin embargo, un argumento alternativo, afirmar que las industrias tienen un ciclo de vida y por tanto las externalidades son importantes en los inicios, sobre todo cuando nuevos productos son introducidos al mercado; en este caso, la función g (Especialización, competencia, diversidad, condiciones iniciales, productividad laboral, bajos salarios) presentada en el modelo de Glaeser, *et al.* (1992) es diferente entre las industrias, en particular ésta función depende del punto donde se encuentre la industria en el ciclo del producto. La perspectiva de temporalidad de las externalidades es inconsistente en la teoría de Romer (1990), quién usa a las externalidades para explicar el crecimiento permanente.

[11] Esto coincide con los estudios empíricos de Hanson (1992, 1997), Krugman y Livas (1992), Tugores y Bernardos (1994) y Costa, Segarra y Viladecans (1998).

[12] Entendiendo como costos de congestión al costo que representa el trasporte del lugar de trabajo al lugar de vivienda, así como al alto costo por la renta de la tierra o de la vivienda, al costo que a los trabajadores les representa el vivir en un lugar de contaminación, etc. En resumen, se entiende como costos de congestión a aquellos costos que representen des-economías tanto para los trabajadores como para los empresarios.

Para medir la tasa diferencial de salario de manera empírica el autor utiliza la siguiente expresión:

$$\ln\left(\frac{w_{it}}{w_{ct}}\right) = \beta_0 + \beta_1 \ln(x_{it}) + \beta_2 \ln(x_{it}^*) + \varepsilon_{it} \qquad (8)$$

Dónde: i es el índice de localización geográfica, t es el indicador de tiempo, c indica el centro industrial, ε es el término de error estocástico, x_{it} es la unidad de costo de trasporte de la localización i al centro industrial y x_{it}^* es la unidad de costo de trasporte de la localización i al mercado.

De esta forma el autor explica que la tasa diferencial de salarios está en función del costo medido en términos del tiempo t que le representa al trabajador de la industria i, el trasladarse desde su lugar de vivienda al centro industrial de trabajo; así como del costo medido en términos del tiempo t que le representa al empresario de la industria i, el llevar su producto desde el centro industrial hasta el mercado.

Bajo las condiciones anteriores el autor explica que *a priori* espera que los coeficientes de éstos dos costos tengan signo negativo; sin embargo, señala que la dotación de factores de la localización también puede influir en las decisiones del lugar de producción así como en los diferenciales de salario, pues las firmas se localizarán cerca de la concentración de recursos para compensar a sus trabajadores de los costos de la congestión; de tal manera que la paga de sus salarios será más alta dado que una virtud de su localización es el obtener bajos costos de trasporte de sus materiales.

Un modelo adicional que justifica el análisis del crecimiento urbano en el contexto de economías externas en la industria en las ciudades, es el de Fujita (1999). En el modelo se pretende dar una explicación a cómo surgen las economías de aglomeración Marshallianas y cómo dichas economías influyen en la localización de las industrias, en el crecimiento económico y por tanto en el tamaño de las ciudades.

Se supone lo siguiente: se considera una ciudad monocéntrica en la que un bien X es producido por un conjunto de pequeñas empresas, tal que (j = 1, 2, ..., n) localizadas en un punto cercano una de la otra; las empresas son tomadoras de precios y éstos se determinan por el mercado; además, el precio es tratado en el modelo como una constante dada y por conveniencia igual a la unidad; para simplificar el modelo se ha asumido que cada empresa productora del bien usa como único insumo el trabajo y en donde todas las empresas tienen funciones de producción iguales.

La función de producción es descrita como sigue:

$$X\left(N_j, N_i\right) = g\left(N_i\right) N_j \quad \forall j, i = 1, 2, \ldots, n$$

Donde, $X(N_j, N_i)$ representa la cantidad de bienes producidos por la empresa j-ésima con la fuerza laboral N_j y, el total de la fuerza laboral (mismo que es equivalente al total de la población en la ciudad) está dado por N_i.[13] La función $X(N_j, N_i)$ representa las economías externas "Marshallianas" que pueden ser aprovechadas por todas las empresas en las ciudades (Fujita, 1999: 273).

La restricción del modelo supone competencia perfecta, con lo cual se debe sostener la siguiente condición de primer orden:

$$\frac{\partial X\left(N_j, N_i\right)}{\partial N_j} = W_i$$

Bajo la condición anterior, se puede reescribir la ecuación de la función de producción en la siguiente forma:

$$g^{'}\left(N_i\right) = W_i$$

Es decir se iguala el producto marginal a la tasa salarial de equilibrio o lo que es lo mismo el precio del insumo trabajo. De allí que, sí denotamos a $W_i(N_i)$ como la tasa salarial de equilibrio cuando la población de la ciudad es N_i, entonces:

$$W\left(N_i\right) = g\left(N_i\right)$$

La primera conclusión que se extrae del modelo anterior es que la industria se localiza en respuesta a los diferenciales de salarios, y por tanto, surgirá un patrón disperso de la producción. El punto preciso en el cual estos cambios ocurren depende los parámetros de la industria y de las curvas de oferta de trabajo de la industria (Venables, 1996). Con el fin de determinar el equilibrio en el empleo y el tamaño de la ciudad, el modelo anterior es crucial para conocer el crecimiento del empleo y clarificar el estado de industrialización en las ciudades para determinar así el crecimiento urbano.

---

[13] Se supone que $X(N_j, N_i) = f(N_j, N_i)$ en donde cada N está dada por una función cuya forma es una "S". Asimismo, se supone que la población ocupada es una proporción constante de la población total de la ciudad.

En el siguiente capítulo, usando los elementos teóricos que proporciona éste, se hace referencia a la tendencia en el crecimiento económico de las ciudades mexicanas, esto con el fin de revelar el panorama de localización de la industria. A partir de esto se conocerá más acerca de la concentración y la diversificación industrial.

2
Crecimiento urbano en México: Hechos estilizados

En un mundo de economía abierta, los países y las ciudades mantienen relaciones crecientes de interdependencia e interacción. En este contexto, las ciudades participan por derecho propio en un orden mundial en el que las fronteras nacionales ya no son obstáculo para la circulación de capitales, personas e ideas (Lo y Yeung, 1998). En años recientes, los niveles de urbanización de países miembros de la OCDE tienen en promedio un alcance de ochenta por ciento; seis de doce grandes ciudades en el mundo son de países miembros de ese organismo (Tokio, Ciudad de México, Nueva York, Seúl, Osaka y Los Ángeles).

Las urbes o ciudades del país no son la excepción, han ido incrementando su tamaño al menos en los últimos veinte años; esto es, la población que habita en las áreas urbanas se ha incrementado, así como los servicios y los empleos de los cuales se sustentan los habitantes urbanos.

Cuadro 2.1 Población urbana en México

	1970		1980		1990		1995		2000	
	Absolutos	%	Absolutos	%	Absolutos	%	Absolutos	%	Absolutos	%
PT	47,225,238	100	66,941,904	100	81,249,645	100	91,158,290	100	97,483,412	100
PU	27,308,556	57.8	35,613,093	53.2	57,959,721	71.3	67,003,515	73.5	74,601,051	76.5
PR	19,916,682	42.2	31,328,811	46.8	23,289,924	28.7	24,154,775	26.5	22,882,361	23.5

PT: Población total; PU: Población urbana y PR: Población rural.
Fuente: Elaborado a partir de los datos del INEGI.

Por ejemplo en un trabajo de Cota y Rodríguez (1999: 690) se sostiene la siguiente hipótesis: "En las zonas metropolitanas de mayor tamaño, el crecimiento demográfico se genera en localidades y municipios periféricos, mientras que en las zonas metropolitanas pequeñas procede de la localidad o municipio central; asimismo, en las primeras se desarrollan los servicios en tanto que en las segundas la actividad económica es diversificada.

De tal forma que, una ciudad puede tener la capacidad de ajustarse fácilmente de acuerdo al grado de flexibilización, en respuesta a los cambios externos; si éstos poseen información en donde las personas aprendan y adopten estos cambios (Nigel, 1997). Así pues, la urbanización consiste en un proceso de trasformación de las estructuras rurales en urbanas, caracterizada por el desarrollo incesante de la división social del trabajo que transfiere a la fuerza laboral agrícola hacia actividades secundarias y terciarias, vía modernización tecnológica de los procesos de producción, así como la creciente diferenciación política y social entre los sectores urbano y rural, en donde se origina la ciudad y se estimula el aumento de su tamaño, además de la multiplicación del número de urbes (Garza y Rodríguez, 1998).

Lo cual es consistente con los tres procesos de crecimiento en la ciudad expresados por Cota y Rodríguez (1999); el efecto de la estructura industrial original, la capacidad para retener actividades en declive y, la capacidad para retener las que están en crecimiento. Estos tres procesos del crecimiento de las ciudades, son el punto de partida para el análisis económico de la investigación generando interrogantes como: ¿en qué ciudades se concentra el producto?, ¿cuáles son aquellas que pierden en la localización de la industria y cuáles las que absorben una mayor proporción del valor de la producción?, ¿cuáles son las ciudades más competitivas del país?, ¿serán las ciudades del norte las que absorben una mayor proporción del valor agregado nacional?

Para conocer las respuestas a las interrogantes anteriores, es necesario analizar los cambios en los patrones territoriales de localización de la actividad manufacturera en las regiones del país, resultado de las políticas de desarrollo en los procesos *ex-ante* y *ex-post* apertura comercial. Con la finalidad de obtener un panorama que describa la transformación de la estructura industrial de las manufacturas en las ciudades de la muestra, para comprobar que la hipótesis planteada en la investigación es adecuada.

2.1 Concentración y localización industrial como efecto de los modelos de desarrollo

Históricamente, la ciudad de México fue uno de los centros urbanos más grandes del mundo, por tanto, se esperaba que la renta de la tierra fuese alta y los salarios elevados. La concentración de actividad en el centro del país se ha mantenido a pesar de los esfuerzos realizados para descentralizarla; en los años noventa dicha ciudad concentraba el cuarenta por ciento del empleo manufacturero nacional (Krugman y Livas, 1992).

Una de las razones de la concentración de la manufactura en esa ciudad eran los enlaces que este sitio ofrecía, pues las empresas manufactureras de los mercados domésticos mexicanos tenían un incentivo para elegir producir en un sitio con facilidad al acceso de mercado y solo era posible en donde existiera una gran concentración de población; además la amplia vía de acceso a los bienes intermedios que eran producidos cerca de la ciudad de México era un incentivo más; así pues, las ventajas de enlaces hacia atrás y hacia delante superaban la desventaja del alto costo de la renta de tierra, salarios, congestión y contaminación.

En Hanson (1997) se sostiene que los patrones regionales del empleo en México son consistentes con los rendimientos crecientes a escala, ya que el cuarenta y cinco por ciento de la fuerza laboral manufacturera en 1980, se hallaba concentrada en la ciudad de México; desde la apertura del comercio la actividad industrial sufrió un cambio en el patrón territorial, dicho cambio se reflejó en la tendencia de las industrias a concentrarse en la frontera con

Estados Unidos, debido al tamaño y la proximidad del mercado vecino.[1]

Con lo anterior se confirma que el tamaño de la metrópoli nacional es el resultado del autoreforzamiento del proceso de aglomeración, en donde el papel de las economías a escala estaba implícito en la localización de las empresas; ellas elegían uno de los pocos sitios para servir al mercado doméstico, con tal restricción las empresas se volvían sensibles a localizarse en la ciudad de México y servir al resto del mercado desde dicho lugar (Krugman y Livas, 1992). La historia sugiere que la extraordinaria concentración de población y producción en la ciudad de México fue producto involuntario de la industrialización vía sustitución de importaciones.

Sin embargo, en el estudio de Hanson (1997), a diferencia de Krugman y Livas (1992), se argumenta que la importancia del acceso al mercado es la atracción principal del rol de la política de desarrollo regional a partir de la apertura al comercio y esto funciona como motor de desconcentración de las principales megalópolis del país; esto es, en las zonas industriales localizadas en la frontera norte.

No obstante en otro artículo establece que la mayor motivación para el comercio es la relativa abundancia de factores de producción, los rendimientos crecientes a escala (imperfecciones del mercado) y la apertura económica; dando paso a la especialización, así como a externalidades que incrementan la productividad generando economías de aglomeración; además del mercado como actor en las decisiones de localización (Hanson, 2000). En este mismo estudio muestra dos figuras que destacan la lógica del patrón de localización industrial; en la primera se muestra el patrón de comportamiento en la localización de las industrias antes de la apertura comercial, la segunda ofrece lo mismo pero cuando la apertura comercial ya se ha efectuado:[2]

---

[1] Sin embargo, existen características físicas exógenas a la región que pueden afectar los diferenciales salariales, por ejemplo si una región contiene una abundante oferta de agua o grandes depósitos de minerales entonces las industrias que sean intensivas en el uso de estos recursos encontrarán atractivo localizarse en ese lugar. Las empresas se localizan cerca de la concentración de recursos como una forma de compensar a sus trabajadores de los costos de la congestión de tal manera que la paga de sus salarios será más alta, dado que una virtud de su localización es el obtener bajos costos de trasporte de sus materiales (Hanson, 1997).

[2] La primera figura fue tomada por el autor de Fujita (1999) y la segunda tiene un patrón de comportamiento similar al presentado por Krugman y Livas (1992).

Figura 2.1

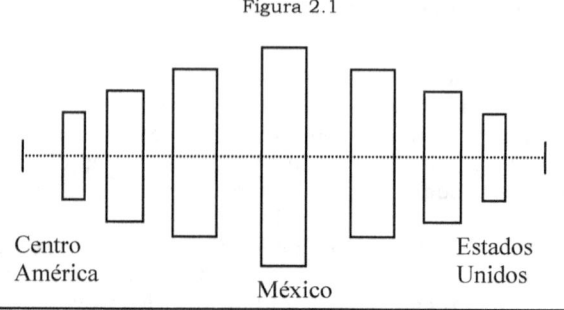

Fuente: Fujita (1999) y Hanson (1994).

Figura 2.2

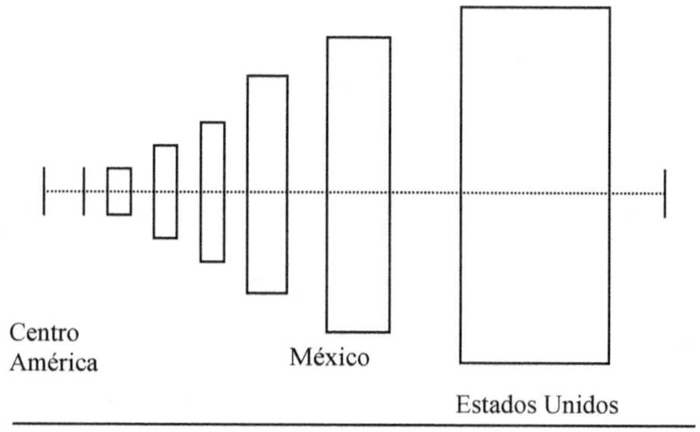

Fuente: Fujita (1999) y Hanson (1994).

El proceso de transición entre ambas figuras toma tiempo; el ajuste depende de la naturaleza de las economías de aglomeración, debe agregarse que el ajuste de las economías también depende de la velocidad del proceso de integración comercial tal y como lo expresa Díaz-Bautista (2000 y 2002).

Observando las figuras anteriores, resulta trascendente destacar el rol de las economías de escala, la aglomeración espacial y la diferenciación de salarios, así como su influencia en las decisiones de localización de las firmas e industria. Lo cual también es un elemento de influencia en el proceso de crecimiento urbano.

2.2 Primeras delimitaciones de las áreas metropolitanas

Para iniciar el estudio del crecimiento urbano es necesario conocer la clasificación nacional de las ciudades cuyo auge inicia a finales de la década de los setentas, aquí Unikel, Ruíz y Garza (1978) incursionan en la clasificación de las ciudades por su delimitación territorial, pues éstas pueden tomar diferentes nombres dependiendo de la interacción económica con otras ciudades o bien otros municipios. Por ejemplo, para Richardson (1978), las distintas clasificaciones por tamaño de ciudad no responden a caprichos o posiciones intelectuales, sino a reconocer que las categorías económicas y sociales se relacionan con la dimensión demográfica.

Desde la perspectiva mexicana, las áreas urbanas que se extienden sobre la superficie de dos o más municipios reciben el nombre de áreas metropolitanas; y la totalidad de los territorios municipales que abarca el área metropolitana se le denomina zona metropolitana, según Sobrino (2003). Además se acepta aquella área que se compone por una ciudad central y contornos periféricos que no se encuentran físicamente unidos pero presentan importantes niveles de funcionalidad en términos de viajes del centro a la periferia y viceversa, la ubicación residencial y la localización de las actividades económicas, es decir las interrelaciones socio-económicas.

Cabe destacar que las zonas metropolitanas se distinguen de las áreas metropolitanas porque su límite constituye un envolvente de esta última y su forma es más regular porque incluye los límites de las unidades político-administrativas menores; en México se representan por los municipios (Unikel, Ruiz y Garza, 1978). En otras palabras, el área metropolitana se conforma de agrupamientos de localidades pertenecientes a distintos municipios, mientras que la zona metropolitana integra municipios contiguos. En la delimitación planteada por los autores; los resultados arrojaron la definición de doce zonas metropolitanas: Ciudad de México, Monterrey, Guadalajara, Puebla, Orizaba, Veracruz, Chihuahua, Tampico, León, Torreón, Mérida y San Luís Potosí.

El segundo análisis de delimitación espacial urbana fue elaborado por Negrete y Salazar (1986), ellos seleccionaron los municipios que contenían al menos 5 000 habitantes en 1980, posteriormente agruparon municipios contiguos delimitados por un primer, segundo y tercer contorno a la ciudad central;[3] los resultados que obtuvieron fueron la definición de veintiséis zonas

---

[3] Este contorno a la ciudad central es semejante a la figura de anillos concéntricos de Thünen (1826)

metropolitanas: Toluca, Coatzacoalcos, Cuernavaca, Xalapa, Poza Rica, Monclova, Oaxaca, Córdoba, Zamora, Zacatecas, Guaymas, Cuautla, Colima y Tlaxcala (Sobrino, 2003).

En la década de los noventa el Conapo (Consejo Nacional de Población)[4] estableció 4 zonas metropolitanas y treinta áreas conurbadas;[5] de esta forma se incluyeron como metrópolis a: Aguascalientes, Cancún, Celaya, Chilpancingo, Guanajuato, Irapuato, Querétaro, Reynosa y Saltillo.

Por último, Sobrino (2003), hizo una delimitación de treinta y ocho áreas metropolitanas en México. Esta clasificación de áreas metropolitanas le permite tomar una muestra de la industrialización del país desde 1985 al 2000, además se incluyen aquellos municipios que cuentan con una población mayor a 250 000 habitantes en el año 2000, por lo que la muestra total de ciudades a estudiar en la investigación son cincuenta y nueve, en las cuales se incluyen treinta y seis áreas metropolitanas y veintitrés ciudades conformadas por un solo municipio.[6]

2.3 Análisis de los datos

Inmersos en el análisis del crecimiento económico urbano, resulta prioritario describir la composición económica de la muestra de ciudades a fin de observar el desarrollo de las mismas, por lo que el presente apartado se ha dedicado a formar un panorama que permite justificar la selección de las urbes y la importancia del estudio de su crecimiento.

Por ejemplo en 1960 la población urbana era poco más del cincuenta por ciento de la población, en 1970 la población que vivía en las ciudades representó el cincuenta y siete punto ocho por ciento, diez años más tarde en 1980 la urbanización alcanzó al cincuenta y tres punto dos por ciento, en 1990 la población urbana ascendió a setenta y uno punto tres por ciento de la población nacional y por último en 1995 dos puntos porcentuales más se

---

[4] En la misma década surgió el Programa Nacional de Desarrollo Urbano 1995-2000, específicamente el Programa Estratégico de 100 Ciudades, el cual consistió en garantizar la continuidad del desarrollo urbano de 116 ciudades medias y pequeñas.
[5] Estas áreas según Sobrino (2003: 185) fueron equivalentes al concepto de área metropolitana, pues en el documento de Conapo (1994) no se menciona la metodología utilizada para la delimitación de zona metropolitana y las conurbaciones.
[6] Ver cuadro 1 de los anexos.

agregaron al dato de población urbana, es decir setenta y tres punto uno por ciento.[7]

De acuerdo con la definición de población urbana,[8] el censo de 1980 reportó 300 localidades urbanas, 416 en 1990 y 513 en el 2000, estas últimas conforman el sistema nacional urbano; en ellas residían 59.4 millones de los 97.5 millones de habitantes del país, lo cual significa una grado de urbanización del sesenta por ciento en dicho año. Las entidades federativas con mayor número de localidades urbanas eran el Estado de México con 61 y Veracruz con 50, en tanto que Baja California Sur y Campeche aportaban la menor cantidad con 4 cada una.

Siguiendo los modelos de Glaeser, *et al.* (1992) y Fujita (1999) en donde, la población ocupada es una proporción constante de la población total de la ciudad, se considera pertinente indagar, acerca de la población ocupada en la manufactura como parte proporcional de la población total de la ciudad.

2.3.1 Población total y población ocupada de las ciudades

Debido a que los datos de población total de las urbes no cuentan con la misma temporalidad que los datos de censos industriales, a excepción de 1980, se usan tasas medias de crecimiento anual (TMCA) como medida de aproximación para el cálculo de la población total de la muestra de ciudades, los resultados se presentan en el cuadro 2.2

Cuadro 2.2 Tasas de crecimiento de la población en las ciudades

Ciudad	TMCA		Ciudad	TMCA	
	1980-1990	1990-2000		1980-1990	1990-2000
Acapulco	5.49	1.87	Monterrey	2.79	2.30
Aguascalientes	4.25	3.19	Morelia	3.71	2.52
Campeche	1.59	2.40	Nogales	4.90	4.00
Cancún	16.95	8.84	Nuevo Laredo	0.79	3.52
Celaya	3.83	2.34	Oaxaca	5.02	3.13
Chihuahua	2.95	2.45	Orizaba	0.95	0.96
Ciudad de México	1.22	1.55	Pachuca	5.32	3.37
Ciudad Juárez	3.78	4.16	Poza Rica	-0.11	0.32
Ciudad Obregón	2.88	1.31	Puebla	3.18	2.56
Ciudad Victoria	3.35	2.47	Puerto Vallarta	7.99	5.70
Coatzacoalcos	4.20	1.16	Querétaro	5.17	3.42
Colima	3.27	3.23	Reynosa	2.90	3.81
Córdoba	2.75	0.50	Saltillo	4.01	3.10
Cuautla	11.44	2.43	San Luis Potosí	4.05	2.68
Cuernavaca	7.56	2.98	Tampico	1.84	1.65

---

[7] El dato de población urbana para el año de 1980 fue tomado de Sobrino (2003), ya que para ese año el INEGI no presenta estimaciones ni datos. Su metodología se diferencia con la del INEGI dado que este autor toma el total de la población al 30 de junio de 1980, es por ello que se presenta menor población urbana en 1980 que en 1970.

[8] En 1980 se consideraban localidades urbanas aquellas que cuentan con una población de 15 000 habitantes o más

Ciudad			Ciudad		
Culiacán	3.13	2.68	Tapachula	4.93	2.61
Durango	3.04	2.06	Tehuacán	5.77	3.90
Ensenada	3.46	2.80	Tepic	3.62	2.69
Guadalajara	2.79	1.97	Tijuana	5.22	5.20
Hermosillo	3.18	2.99	Tlaxcala	8.18	3.11
Irapuato	4.53	1.87	Toluca	6.71	3.43
La Paz	4.17	1.70	Torreón	3.13	1.69
León	2.61	3.06	Tuxtla	7.63	3.91
Los Mochis	2.87	2.13	Uruapan	4.32	1.87
Matamoros	3.49	3.52	Veracruz	3.60	2.07
Mazatlán	2.77	2.24	Villahermosa	5.1423	2.39
Mérida	3.28	2.50	Xalapa	3.17	2.84
Mexicali	2.52	2.29	Zacatecas	3.33	2.78
Minatitlán	3.25	0.36	Zamora	2.21	1.62
Monclova	4.61	0.75			

Fuente: Elaboración propia a partir de los censos de población.

Las ciudades de Cancún y Cuautla presentan las tasas más altas de crecimiento de la población para el periodo 1980-1990, al contrario de Poza Rica y Nuevo Laredo; en el periodo siguiente (1990 al año 2000) Cancún sigue manteniéndose en la tasa más alta, a la cual se le agrega la ciudad de Puerto Vallarta, se destaca que ambas son ciudades cuyas actividades económicas principales son las relacionadas con el turismo, por otro lado la tasa más baja la sigue ocupando Poza Rica.

Con el fin de obtener una mejor estimación de las tasas medias de crecimiento anual se construye un indicador de la primacía de una ciudad, para ello se tomaron las poblaciones totales de las ciudades muestra en los tres periodos de tiempo y se calcula una tasa de crecimiento absoluto la cual se ordena de mayor a menor, en donde la ciudad de mayor población ocupa el número 1 de primacía absoluta y la última ocupa el número 59, los resultados se presentan en el cuadro 2.3.

Cuadro 2.3 Primacía de las ciudades

Primacía	Ciudad	1980-1990	Ciudad	1990-2000
1	México	1,702,918	México	2,464,724
2	Guadalajara	700,372	Monterrey	653,843
3	Monterrey	615,951	Guadalajara	629,191
4	Puebla	355,448	Tijuana	483,382
5	Toluca	320,287	Ciudad Juárez	397,753
6	Tijuana	291,674	Puebla	380,754
7	Cuernavaca	246,519	León	294,062
8	Ciudad Juárez	245,026	Toluca	269,713
9	Acapulco	213,472	Cancún	232,777
10	San Luís Potosí	201,037	San Luís Potosí	186,201
11	León	189,964	Querétaro	171,324
12	Torreón	183,014	Aguascalientes	170,840
13	Querétaro	169,678	Mérida	170,757
14	Tuxtla	167,982	Cuernavaca	162,745
15	Mérida	167,944	Saltillo	158,212
16	Aguascalientes	157,774	Reynosa	151,103
17	Saltillo	143,783	Tuxtla	150,806
18	Cancún	138,001	Chihuahua	141,723
19	Veracruz	136,102	Hermosillo	139,511
20	Morelia	130,942	Torreón	126,280
21	Chihuahua	130,550	Culiacán	125,777
22	Cuautla	117,204	Morelia	121,510
23	Oaxaca	113,105	Mexicali	111,496
24	Culiacán	110,220	Matamoros	110,224
25	Hermosillo	109,242	Xalapa	106,107
26	Villahermosa	103,015	Oaxaca	105,692
27	Monclova	98,717	Acapulco	105,282
28	Mexicali	96,818	Veracruz	103,822
29	Irapuato	94,904	Tampico	91,063
30	Celaya	94,471	Nuevo Laredo	90,415
31	Durango	90,121	Puerto Vallarta	84,529

32	Xalapa	87,927	Durango	79,099
33	Tampico	85,741	Celaya	78,556
34	Coatzacoalcos	84,782	Pachuca	73,802
35	Reynosa	82,826	Villahermosa	69,615
36	Matamoros	77,310	Tepic	67,668
37	Pachuca	75,889	Mazatlán	65,284
38	Tlaxcala	70,407	Tehuacán	65,148
39	Tepic	66,393	Irapuato	54,106
40	Uruapan	64,795	Ensenada	54,066
41	Mazatlán	62,875	Ciudad Victoria	54,033
42	Puerto Vallarta	61,237	Colima	53,474
43	Tehuacán	59,903	Nogales	50,981
44	Minatitlán	58,141	Cuautla	48,115
45	Ciudad Victoria	54,835	Tlaxcala	46,445
46	Ciudad Obregón	54,408	Zacatecas	46,342
47	Tapachula	53,092	Tapachula	40,981
48	Ensenada	48,943	Campeche	40,295
49	La Paz	46,188	Los Mochis	38,247
50	Zacatecas	41,001	Uruapan	38,193
51	Nogales	40,270	Coatzacoalcos	30,829
52	Los Mochis	40,128	Ciudad Obregón	30,810
53	Colima	39,352	Zamora	25,481
54	Córdoba	36,925	La Paz	25,313
55	Zamora	28,644	Orizaba	23,348
56	Campeche	22,084	Monclova	21,295
57	Orizaba	21,050	Córdoba	8,051
58	Nuevo Laredo	16,682	Minatitlán	7,793
59	Poza Rica	-2,237	Poza Rica	6,559

Fuente: Elaboración propia

A excepción de la Ciudad de México la cual ocupa el primer lugar en ambos periodos, el resto de las ciudades muestra grados de primacía diferentes de un periodo a otro, por ejemplo Guadalajara pasa del segundo lugar en 1980-1990 al tercero en 1990-2000 y Monterrey presenta un comportamiento a la inversa; Puebla pasa del cuarto al sexto, Toluca del quinto al octavo, Tijuana del sexto al cuarto, Ciudad Juárez del octavo al quinto, etcétera.

Lo anterior es una muestra del cambio en el patrón territorial de la distribución de la población en el país, asimismo se pueden intuir las causas de la relocalización de la población, pues se recordará que en el periodo de 1980 a 1990 la política de desarrollo implementada en México tenía su base en la apertura externa. Dicha política se ha trasformado conforme se expande el volumen comercial, sobre todo a partir de 1994; de lo que se deriva la trasformación en la distribución territorial de las actividades económicas y por ende en la distribución de la población.

Para confirmar lo anterior se muestra el cuadro 2.4 en el que se observa el comportamiento de la población ocupada en la manufactura como proporción de la población total de la ciudad, construida a partir de las regiones de estudio. En primer lugar se presenta el cuadro que muestra la proporción del empleo en la manufactura en la muestra de ciudades. Posteriormente se hace un análisis de dichas ciudades para cada una de las regiones.

Cuadro 2.4 Población ocupada en la manufactura como proporción de la población total

Ciudad	1998	1993	1988	1985	1980	Ciudad	1998	1993	1988	1985	1980
Acapulco	1.0	1.1	0.8	0.9	1.3	Monterrey	9.6	8.3	7.9	8.2	9.4
Aguascalientes	10.7	8.7	7.7	7.4	5.1	Morelia	2.9	3.0	2.4	2.2	1.6
Campeche	2.3	3.0	2.3	2.4	3.8	Nogales	21.0	15.6	21.2	18.0	18.8
Cancún	1.3	1.6	1.4	2.4	1.2	Nvo. Laredo	8.6	7.5	5.7	2.6	1.6
Celaya	7.6	6.8	6.6	6.1	3.3	Oaxaca	2.7	2.7	2.3	1.4	1.9
Chihuahua	10.4	9.1	8.7	6.4	3.1	Orizaba	6.0	5.4	6.8	7.5	7.1
Cd. de México	5.2	5.4	5.5	6.0	6.7	Pachuca	4.8	3.2	2.0	3.8	3.9
Cd. Juárez	22.0	16.1	14.7	11.5	7.2	Poza Rica	3.6	3.4	3.3	2.9	1.7
Cd. Obregón	6.3	5.4	4.2	4.5	3.6	Puebla	7.2	6.6	5.9	6.4	6.1
Cd. Victoria	3.1	2.6	1.2	1.1	0.3	Pto. Vallarta	1.3	1.0	0.6	1.6	0.8
Coatzacoalcos	6.5	4.7	6.8	7.3	3.2	Querétaro	8.7	7.3	8.2	9.2	10.6
Colima	2.0	2.3	1.5	2.2	1.5	Reynosa	13.1	10.6	8.0	4.4	5.8
Córdoba	5.0	4.6	4.2	4.1	4.4	Saltillo	9.	8.8	8.1	7.3	4.4
Cuautla	2.7	2.5	1.8	3.7	3.4	San Luis	7.3	7.4	6.7	6.7	4.7
Cuernavaca	4.7	5.4	5.4	6.1	7.5	Tampico	3.5	3.3	3.4	3.7	3.2
Culiacán	2.7	3.6	2.0	2.9	2.2	Tapachula	1.9	2.3	1.5	1.4	0.9
Durango	4.9	3.7	4.2	4.8	4.3	Tehuacán	15.0	9.8	7.2	7.3	8.2
Ensenada	10.3	5.9	5.5	5.3	5.6	Tepic	2.9	3.2	3.1	3.0	4.1
Guadalajara	7.5	5.7	5.4	5.5	5.4	Tijuana	1.7	1.0	0.6	0.3	4.4
Hermosillo	6.1	4.6	2.9	2.7	2.4	Tlaxcala	7.9	7.2	6.5	8.1	10.4
Irapuato	7.6	6.6	4.5	4.8	4.5	Toluca	8.3	8.1	8.2	10.5	11.0
La Paz	3.1	2.9	2.1	2.7	1.5	Torreón	10.1	7.3	6.5	5.1	2.1
León	11.5	9.1	7.5	7.6	5.2	Tuxtla	1.6	1.9	1.5	1.5	1.6
Los Mochis	4.7	3.9	4.0	6.2	3.7	Uruapan	3.3	3.0	2.6	2.5	2.0
Matamoros	16.9	14.1	14.4	11.1	8.5	Veracruz	2.3	2.7	4.1	4.8	3.1
Mazatlán	2.8	3.1	2.4	2.8	2.2	Villahermosa	3.0	3.6	3.0	2.2	2.0
Mérida	5.9	5.5	4.1	4.0	5.1	Xalapa	2.2	2.1	2.0	1.8	1.7
Mexicali	11.6	7.1	5.8	5.3	4.1	Zacatecas	3.5	2.0	1.1	1.0	1.5
Minatitlán	5.2	4.3	7.7	10.4	7.6	Zamora	4.8	4.8	4.7	3.4	2.9
Monclova	8.3	6.7	11.6	12.8	8.5						

Fuente: Elaboración propia con información de los censos industriales.

Por su importancia industrial para el país, observe el comportamiento del empleo manufacturero en las ciudades de la región frontera norte de México -Ciudad Juárez, Matamoros, Mexicali, Nogales, Nuevo Laredo, Reynosa, Tampico y Tijuana. En las ciudades de Reynosa, Matamoros y Mexicali la proporción del empleo en la industria ha cambiado notablemente; pues desde 1980 a 1998 el empleo aumenta en más del cien por ciento, además en Ciudad Juárez la variación es de casi tres veces más que en el periodo inicial. La única ciudad que ha perdido (en términos de empleo) su competitividad en el mercado laboral es Tijuana, que pasa de 4.43% en 1980 a 1.72% en 1998.

Esto corrobora que las ciudades de la frontera norte han ocupado mayor porcentaje de su población en las industrias de la manufactura que el resto de las ciudades del país, lo que trae consigo un cambio en los patrones territoriales de localización industrial, así como un atractivo para aumentar la competitividad en relación a las ciudades del sur.

Ahora obsérvese el caso de las ciudades de la región norte que no son fronterizas –Chihuahua, Ciudad Obregón, Ciudad Victoria, Ensenada, Hermosillo, Monclova, Monterrey, Saltillo, Torreón. Las ciudades de Chihuahua, Ciudad Victoria, Hermosillo y Torreón presentan crecimiento tres veces mayor que en 1980; Ciudad Obregón, Ensenada y Saltillo aumentan dos veces más su tamaño; Monterrey muestra tendencia constante a lo largo del periodo a diferencia de Monclova en donde se puede observar que aumenta de tamaño en el empleo de 1980-1988 y decrece desde 1988-1998.

En la región centro norte (Aguascalientes, Celaya, Culiacán, Durango, Irapuato, La Paz, León, Los Mochis, Mazatlán, Querétaro,

San Luís Potosí, Tepic, Zacatecas), se visualiza que con la excepción de Culiacán, Durango, Los Mochis, Mazatlán, Querétaro y Tepic, el resto de ciudades presentan tendencia de crecimiento por lo menos dos veces más que en el periodo inicial, sobresalen Aguascalientes y León.

Es notable que existe una fuerte tendencia a la localización industrial, (medida en términos de la proporción del empleo en la manufactura de la ciudad, como en este caso), hacia las regiones del norte de México. En el caso de las ciudades del sur, su especialización es en otra clase de actividades económicas, salvo algunas excepciones como que se pueden observar en el cuadro 2.4. Se observa que las ciudades de Coatzacoalcos y Tehuacán son las únicas que presentan tendencia creciente en el empleo manufacturero; el resto se muestra constante e incluso en algunos casos como la Ciudad de México, Campeche, Cuautla, Cuernavaca, Minatitlán, Orizaba, Tlaxcala y Toluca pierden empleo de 1980 a 1998.[9]

Las ciudades cuya población ocupada en la manufactura en 1998 es mayor o igual al 10% de su población son: Aguascalientes, Chihuahua, Ciudad Juárez, Ensenada, León, Matamoros, Mexicali, Monterrey, Nogales, Reynosa, Saltillo, Tehuacán y Torreón. Nótese que cinco de las doce ciudades son fronterizas, de donde se puede deducir que en la localización industrial sí importa la distancia al mercado y en éste caso la distancia hacia los Estados Unidos de América.

Para corroborar lo anterior, en el cuadro 5 se muestran las distancias en kilómetros de ciertas ciudades con respecto a la ciudad más cercana de la frontera norte.

Cuadro 2.5 Distancia a la frontera norte

Desde	Hacia	Km^2
Aguascalientes	Nuevo Laredo	812
Chihuahua	Ciudad Juárez	373
Ensenada	Tijuana	116
León	Nuevo Laredo	938
Monterrey	Nuevo Laredo	224
Saltillo	Nuevo Laredo	309
Tehuacán	Nuevo Laredo	1,395
Torreón	Nuevo Laredo	540

Fuente: Elaboración propia con datos de la Secretaría de Comunicaciones y Transportes.

---

[9] La región centro sur es la más grande y se integra por las ciudades de: Acapulco, Campeche, Cancún, Ciudad de México, Coatzacoalcos, Colima, Córdoba, Cuautla, Cuernavaca, Guadalajara, Mérida, Minatitlán, Morelia, Oaxaca, Orizaba, Pachuca, Poza Rica, Puebla, Puerto Vallarta, Tapachula, Tehuacán, Tlaxcala, Toluca, Tuxtla Gutiérrez, Uruapan, Veracruz, Villahermosa, Xalapa, Zamora.

Otras, como por ejemplo Monclova, Hermosillo, Ciudad Victoria, Guaymas, Delicias y Tampico son ciudades cuya distancia a la frontera es menor a 500 kilómetros; sin embargo, la población ocupada en la manufactura es menor al diez por ciento de su población total. De manera tal que podemos establecer que la distancia a la frontera y el tamaño de la ciudad no son las únicas variables que influyen en la localización industrial, por lo que es conveniente tomar en cuenta además otras variables de influencia, como por ejemplo el tamaño medio de los establecimientos.

2.3.2 Tamaño medio y crecimiento en las manufacturas de las ciudades

El promedio del tamaño medio de los establecimientos para la industria manufacturera en 1998 fue de 18 trabajadores.[10] Las ciudades que estuvieron en el promedio o por encima de él son: Aguascalientes, Tijuana, Torreón, Saltillo, Monclova, Monterrey, Querétaro, Reynosa, Coatzacoalcos, Mexicali, Chihuahua, Ciudad Juárez, Irapuato, Matamoros, Nuevo Laredo, Ensenada, Tehuacán y Nogales. Para 1993 el promedio era más pequeño que en 1998 o sea 16 trabajadores por establecimiento, en ése año además de las anteriores se agregan: Ciudad de México, Celaya, Guadalajara, Toluca, San Luís Potosí, Orizaba, Minatitlán, con la excepción de Tehuacán cuyo tamaño medio fue de 12 trabajadores.

En 1988 el promedio se estableció en 36 trabajadores en donde las ciudades de Tijuana, Saltillo, Monclova, Toluca, Monterrey, Querétaro, Reynosa, Minatitlán, Coatzacoalcos, Mexicali, Chihuahua, Ciudad Juárez, Matamoros, Nuevo Laredo, Ensenada y Nogales, estuvieron por encima del promedio.

En el año de 1985 se observó un promedio de 23 personas por establecimiento, en dicho periodo las ciudades de Tijuana, Saltillo, Monclova, Ciudad de México, Toluca, Monterrey, Querétaro, San Luís Potosí, Orizaba, Veracruz, Minatitlán, Coatzacoalcos, Mexicali, Chihuahua, Ciudad Juárez, Los Mochis Matamoros y Nogales se posicionaron por encima del promedio.

En 1980 el promedio fue de 21 trabajadores en donde las ciudades de Torreón, Saltillo, Monclova, Ciudad de México, Toluca, Cuernavaca, Monterrey, Querétaro, Tampico, Reynosa, Orizaba, Veracruz, Minatitlán, Coatzacoalcos, Mexicali, Ciudad Juárez, Durango, Matamoros, Ensenada y Nogales fueron las que se posicionaron por encima del promedio.

---

[10] En el cuadro 2 de los anexos se presentan los datos completos de las ciudades y el tamaño medio de sus establecimientos

Es importante destacar que las ciudades de Saltillo, Monclova, Monterrey, Querétaro, Coatzacoalcos, Mexicali, Ciudad Juárez, Matamoros y Nogales son las únicas ciudades de la muestra que se encuentran por encima del promedio del tamaño medio de los establecimientos en los cinco años de estudio. Resaltando que de las nueve ciudades anteriores cuatro son fronterizas, tres pertenecen a la región norte, una al centro norte y una al centro sur.

De esta forma, se puede observar que el patrón de localización se ha redistribuido a lo largo de los años de estudio, pues sí los patrones se mantuvieran en las mismas ciudades (cuyo tamaño de los establecimientos es mayor al promedio en 1980) entonces dichas ciudades tuvieran la misma representatividad a lo largo del periodo, de lo cual se puede deducir que los patrones de desarrollo industrial implementados en México si han logrado descentralizar la actividad económica desde el centro hacia los estados y las ciudades del norte.

De los resultados obtenidos al analizar el comportamiento del tamaño medio de los establecimientos en el tiempo, se comprueba que para la localización y el tamaño de la industria sí importa la distancia al mercado estadounidense, sobre todo en los años *post* apertura comercial, específicamente en aquellas ramas cuyo tamaño medio de los establecimientos corresponde a empresas medianas y grandes; dichas ramas son la 32, 35, 36, 37, 38 y 39. A continuación se presenta el comportamiento al interior de cada región, empezando con la frontera norte.

Cuadro 2.6 Tamaño medio de los establecimientos manufactureros en la frontera norte

Ciudad	1998	1993	1988	1985	1980
Ciudad Juárez	86	63	87	67	40
Matamoros	65	61	92	66	51
Mexicali	54	31	39	28	21
Nogales	69	63	111	87	109
Nuevo Laredo	33	38	42	13	13
Reynosa	51	45	52	23	47
Tampico	12	12	21	23	22
Tijuana	61	26	52	34	21

Fuente: Elaboración propia

Con la excepción de Tampico, el resto de ciudades en la región frontera norte se destaca por presentar tamaños de los establecimientos correspondientes a medianas empresas. Así mismo, Nogales es la única que presenta decrecimiento en el tamaño de sus empresas, el resto muestra tendencia creciente en la variable.

Cuadro 2.7 Tamaño medio de los establecimientos manufactureros en la región norte

Ciudad	1998	1993	1988	1985	1980
Chihuahua	30	24	43	28	17
Ciudad Obregón	13	13	18	17	14
Ciudad Victoria	8	6	5	5	3
Ensenada	30	17	545	22	24
Hermosillo	16	12	17	14	16
Monclova	28	27	83	82	67
Monterrey	28	28	37	34	40
Saltillo	25	23	37	33	31
Torreón	25	19	26	21	22

Fuente: Elaboración propia.

A diferencia de la región fronteriza (en donde el tamaño de los establecimientos corresponde en su mayoría a empresas medianas); en la región norte se presentan empresas pequeñas, en el caso de Ciudad Obregón, Ciudad Victoria y Hermosillo, y medianas en el resto de ciudades. Una diferencia más, es que el tamaño de los establecimientos se muestra constante a lo largo del periodo, exceptuando a Chihuahua en donde sí se observa un cambio creciente en la variable.

Cuadro 2.8 Tamaño medio de los establecimientos manufactureros en el centro norte

Ciudad	1998	1993	1988	1985	1980
Aguascalientes	22	16	30	21	17
Celaya	17	17	25	19	11
Culiacán	8	10	12	14	10
Durango	10	9	20	18	25
Irapuato	18	17	19	17	13
La Paz	9	8	10	13	10
León	13	14	18	18	15
Los Mochis	10	10	20	24	13
Mazatlán	8	11	14	15	10
Querétaro	24	22	50	57	59
San Luis Potosí	16	18	25	25	19
Tepic	6	8	10	13	18
Zacatecas	7	5	5	4	6

Fuente: Elaboración propia.

El comportamiento del tamaño de los establecimientos en esta región muestra una tendencia decreciente; excepto las ciudades de Aguascalientes, Celaya e Irapuato, cuyo tamaño medio en 1998 es mayor al de 1980, el resto de ciudades se muestra con tamaños más pequeños que los del periodo inicial. Lo anterior nos marca una pauta para concluir que, efectivamente existe dispersión territorial en la localización industrial y las ciudades relativamente más cercanas a la frontera norte del país obtienen una ventaja comparativa, respecto al resto.

Cuadro 2.9 Tamaño medio de los establecimientos manufactureros en el centro sur

Ciudad	1998	1993	1988	1985	1980	Ciudad	1998	1993	1988	1985	1980
Acapulco	3	6	7	7	8	Pachuca	11	8	18	19	14
Campeche	7	8	11	12	9	Poza Rica	5	5	8	9	6
Cancún	5	5	12	11	6	Puebla	11	11	16	17	16
Cd. de México	16	20	26	25	25	Pto. Vallarta	4	3	4	8	4
Coatzacoalcos	21	20	65	47	34	Tapachula	4	5	6	6	5
Colima	4	4	7	11	5	Tehuacán	19	12	15	13	12
Córdoba	10	12	15	13	14	Tlaxcala	9	10	20	18	17
Cuautla	6	7	8	11	5	Toluca	17	25	40	44	35
Cuernavaca	11	15	26	22	22	Tuxtla	4	4	6	6	8
Guadalajara	15	16	22	21	21	Uruapan	4	4	6	6	6
Mérida	13	11	15	12	15	Veracruz	7	9	23	30	22
Minatitlán	16	21	67	79	55	Villahermosa	7	10	18	18	9
Morelia	5	6	8	8	7	Xalapa	4	5	7	7	7
Oaxaca	4	5	10	5	8	Zamora	10	12	20	12	12
Orizaba	11	16	28	33	34						

Fuente: Elaboración propia.

Con excepción de Tehuacán, el resto de ciudades muestra tendencia decreciente en el tamaño medio de los establecimientos de la manufactura, correspondiente a micro y pequeñas empresas. Los resultados obtenidos en el análisis del tamaño medio remarcan que las empresas de mayor tamaño eligen localizaciones cercanas al norte y específicamente la frontera con Estados Unidos; ya que en las ciudades de la frontera el tamaño de los establecimientos es relativamente mayor que en el resto de ciudades. Como conclusión, en la región norte el tamaño medio no cambia, en el centro norte disminuye pero aún sigue correspondiéndose a empresas medianas, a diferencia de las del centro sur en donde el tamaño es pequeño.

2.3.3 Diferencial salarial industrial en las ciudades de México

Un factor más que se puede agregar a los anteriores es el diferencial salarial industrial entre las ciudades, lo que permite establecer con firmeza que las ciudades de la región fronteriza y norte de México tienen una ventaja sobre las del resto del país.

En lo que sigue se muestra la información para cada ciudad y región, en las primeras cinco columnas se presentan los salarios simples y después se muestran los diferenciales salariales tomando como media la base 100, cada cuadro se lee de la siguiente forma: cuando el diferencial salarial sea menor a 100 esto significa que el salario es menor a la media y cuando sea mayor el salario supera la media muestral.

De acuerdo con la investigación realizada, el salario promedio para 1998 fue $16 090; $19 250 para 1993; $13 340 para 1988; $15 430 para 1985 y $14 220 para 1980; las ciudades que se ubicaron por encima del promedio salarial a lo largo del periodo fueron: Saltillo, Monclova, Ciudad de México, Guadalajara, Toluca, Cuernavaca, Monterrey, Puebla, Querétaro, Tampico, Orizaba, Veracruz, Minatitlán, Coatzacoalcos, Poza Rica, Mexicali y, Hermosillo.

La tasa salarial más alta registrada en 1998 fue para la ciudad de Coatzacoalcos con $43 830 y la más baja fue de $5 650 correspondiente a la ciudad de Oaxaca. En 1993 Coatzacoalcos tenía la tasa salarial más elevada con $47 830 y la más baja era Puerto Vallarta con $6 700; en 1988 la tasa salarial más alta fue la de Monclova con $31 140 y la más baja fue en Zacatecas con $4 790; para 1985 la tasa salarial más alta fue de $48 840 en la ciudad de Toluca y la más baja fue para la ciudad de Zamora con $5 420; en 1980 la tasa más alta se observó en la ciudad de Minatitlán con $30 800 y la más baja correspondió a Zacatecas con $3 210.

En la investigación se supone que los salarios bajos son un atractivo para la localización de la industria; la información que sigue trata de mostrar que las regiones del norte son las que ofrecen los salarios más bajos del país. La idea es similar a la de Hanson (1997), donde se establece que las industrias y, por ende las personas, se mueven en respuesta al diferencial de salarios.

Cuadro 2.10 Salarios reales en las ciudades de la frontera norte

Ciudades	Salarios					Diferencial salarial			
	1998	1993	1988	1985	1980	1998	1993	1988	1985	1980
Cd. Juárez	16.9	17.6	13.9	14.7	19.1	100.8	98.3	100.5	99.3	83.4
Matamoros	20.1	24.5	15.3	15.4	26.7	104.0	105.2	102.0	100.0	83.2
Mexicali	22.1	21.7	14.2	15.6	18.4	106.1	102.4	100.9	100.1	109.5
Nogales	19.0	17.4	13.6	14.6	28.4	102.9	98.1	100.3	99.2	86.2
Nuevo Laredo	22.2	20.9	11.1	12.4	25.5	106.1	101.6	97.7	97.0	68.1
Reynosa	17.4	18.3	12.4	14.1	13.0	101.3	99.1	99.0	98.6	45.0
Tampico	26.1	30.2	23.5	24.2	13.6	110.0	111.0	110.2	108.7	224.9
Tijuana	17.6	24.9	14.4	21.1	12.5	101.5	105.6	101.0	105.7	82.3

* Miles de pesos de 1993.
Fuente: Elaboración propia con información de los censos industriales.

A excepción de las ciudades de Reynosa, Tampico y Tijuana; el resto de ciudades presenta tendencia decreciente de 1980 a 1998. Si bien el decremento en los salarios reales del periodo no es significativamente alto. Contrastando los salarios con las estadísticas de empleo las dos últimas ciudades son las que han perdido fortaleza en términos de población ocupada en la manufactura; ciudades en donde se observa un parcial cumplimiento de las leyes de oferta y demanda laboral.

Cuadro 2.11 Salarios reales en las ciudades de la región norte

Ciudades	Salarios					Diferencial salarial			
	1998	1993	1988	1985	1980	1998	1993	1988	1985	1980
Chihuahua	18.2	20.8	14.8	13.5	7.9	102.1	101.5	101.5	98.1	95.2
Cd. Obregón	16.7	16.0	13.6	12.4	9.2	100.6	96.7	100.3	97.0	86.2
Cd. Victoria	8.1	12.1	5.6	7.4	10.1	92.0	92.9	92.2	92.0	19.1
Ensenada	13.5	18.7	13.1	15.7	14.9	97.5	99.5	99.8	100.3	151.3
Hermosillo	18.3	24.3	16.0	13.6	13.6	102.2	105.1	105.4	100.5	116.4
Monclova	24.1	41.5	31.1	30.0	11.6	108.0	122.3	117.8	114.6	255.9
Monterrey	21.7	27.9	18.4	22.2	30.8	105.6	108.7	105.0	106.8	179.3
Saltillo	21.1	24.8	16.9	20.0	10.8	105.0	105.5	103.6	104.5	177.3
Torreón	11.8	16.0	10.3	12.6	6.1	95.7	96.7	97.0	97.2	70.4

* Miles de pesos de 1993.
Fuente: Elaboración propia con información de los censos industriales.

A diferencia de la región frontera norte, en las ciudades de la región norte se muestran salarios superiores a los de 1980, exceptuando Ciudad Victoria y Monterrey, en el resto de ciudades parece no existir correspondencia las leyes de oferta y demanda laboral tradicionales, ya que crece la población ocupada y también los salarios.

Cuadro 2.12 Salarios reales en las ciudades de la región centro norte

Ciudades	Salarios					Diferencial salarial				
	1998	1993	1988	1985	1980	1998	1993	1988	1985	1980
Aguascalientes	16.1	19.3	11.0	12.5	12.4	100.0	100.0	97.6	97.0	52.6
Celaya	17.0	20.8	15.6	15.8	29.8	100.9	101.6	102.3	100.4	58.7
Culiacán	11.5	14.2	9.0	12.0	21.9	95.4	94.9	95.7	96.6	93.9
Durango	10.7	13.0	8.3	10.7	9.3	94.6	93.7	95.0	95.3	68.0
Irapuato	10.8	13.0	9.0	10.3	18.9	94.8	93.7	95.6	94.9	65.6
La Paz	11.2	10.9	7.9	19.6	21.2	95.1	91.7	94.6	104.2	68.6
León	9.2	15.2	8.1	9.8	8.5	93.1	95.9	94.8	94.4	50.3
Los Mochis	14.5	17.4	10.7	12.7	13.5	98.4	98.1	97.3	97.3	61.4
Mazatlán	14.9	17.4	11.8	15.3	8.7	98.8	98.2	98.4	99.9	90.9
Querétaro	27.7	34.3	21.9	25.0	10.7	111.7	115.1	108.5	109.5	170.6
San Luís	19.3	22.0	14.8	15.6	10.3	103.2	102.8	101.5	100.2	93.1
Tepic	17.6	24.9	14.4	21.1	12.5	101.5	105.6	101.0	105.7	82.3
Zacatecas	8.3	9.6	4.8	6.0	11.0	92.2	90.4	91.4	90.6	-10.0

* Miles de pesos de 1993.
Fuente: Elaboración propia con información de los censos industriales.

El comportamiento en esta región se muestra diferente entre las ciudades, no se sugiere una tendencia general; sino que en ciudades como Aguascalientes, Durango, León, Los Mochis, Mazatlán, Querétaro, San Luís Potosí y Tepic se muestra aumento salarial, mientras que en Celaya, Culiacán, Irapuato, La Paz y Zacatecas el salario real es menor que en 1980. Revisando los resultados de las remuneraciones no se puede corroborar que se correspondan con las estadísticas de empleo, pues sólo en Culiacán la tendencia del empleo es constante a lo largo del periodo, en las otras cuatro la tendencia del empleo en la manufactura es creciente.

Cuadro 2.13 Salarios reales en las ciudades de la región centro sur

Ciudades	Salarios					Diferencial salarial				
	1998	1993	1988	1985	1980	1998	1993	1988	1985	1980
Acapulco	9.4	12.8	9.2	12.5	9.4	93.3	93.6	95.8	97.0	88.5
Campeche	10.0	11.8	7.6	10.1	11.2	93.9	92.6	94.2	94.7	40.7
Cancún	7.6	14.5	8.8	8.5	21.9	91.5	95.3	95.4	93.1	43.5
Cd. de México	23.0	27.3	17.4	21.2	9.1	107.0	108.0	104.1	105.8	148.7
Coatzacoalcos	43.8	47.8	30.4	26.6	11.4	127.7	128.5	117.0	111.2	242.6
Colima	8.2	9.1	7.2	16.5	15.2	92.1	89.8	93.9	101.1	37.0
Córdoba	11.3	15.2	9.7	11.5	7.1	95.2	95.9	96.3	96.1	96.7
Cuautla	10.8	13.5	9.6	11.0	21.3	94.7	94.3	96.3	95.6	51.2
Cuernavaca	23.5	29.9	21.7	20.1	7.9	107.4	110.7	108.3	104.6	177.4
Guadalajara	18.4	22.3	14.1	20.5	22.1	102.3	103.1	100.7	105.0	109.9
Mérida	10.7	12.6	9.5	12.5	11.3	94.6	93.3	96.2	97.0	71.6
Minatitlán	36.8	46.6	27.6	21.2	25.1	120.7	127.3	114.3	105.8	265.8
Morelia	9.4	13.9	8.1	11.6	13.9	93.3	94.7	94.7	96.1	66.7
Oaxaca	5.6	7.6	6.1	10.0	11.3	89.5	88.3	92.8	94.5	94.2
Orizaba	22.9	29.0	21.3	22.7	3.2	106.8	109.8	107.9	107.2	142.0
Pachuca	9.9	12.8	8.6	12.9	15.1	93.8	93.6	95.2	97.5	72.1
Poza Rica	20.8	19.5	17.0	16.4	13.7	104.7	100.2	103.6	100.9	213.2
Puebla	19.0	20.9	17.2	18.4	12.5	102.9	101.6	103.9	103.0	146.8
Pto. Vallarta	6.4	6.7	7.3	6.2	11.0	90.3	87.4	93.9	90.7	28.9
Tapachula	8.8	10.5	7.3	6.7	13.3	92.7	91.3	93.9	91.3	60.7
Tehuacán	9.2	11.5	9.6	10.2	12.8	93.1	92.2	96.3	94.8	58.2
Tlaxcala	10.9	14.6	11.4	12.8	12.5	94.8	95.4	98.0	97.3	71.1
Toluca	23.6	31.7	20.3	48.8	11.0	107.6	112.4	106.9	133.4	171.4
Tuxtla	7.7	8.6	7.6	9.8	8.2	91.7	89.3	94.2	94.3	49.6
Uruapan	8.1	11.2	7.6	7.5	19.3	92.0	91.9	94.3	92.1	40.7
Veracruz	28.5	23.3	18.8	24.5	10.0	112.4	104.1	105.4	109.1	209.1
Villahermosa	20.5	22.6	16.7	19.2	8.3	104.4	103.4	103.4	103.8	83.3
Xalapa	9.0	14.1	15.5	13.0	10.3	92.9	94.9	102.1	97.5	74.2
Zamora	13.0	11.2	6.7	5.4	12.8	96.9	92.0	93.3	89.9	37.2

* Miles de pesos de 1993.
Fuente: Elaboración propia con información de los censos industriales.

En esta región también se presenta un patrón salarial disperso entre las ciudades que la componen; hay ciudades que incrementan su salario real en la manufactura y otras que lo disminuyen, de tal forma, que no es posible distinguir si los patrones del

Rosa María García Almada
Isaac Leobardo Sánchez Juárez

comportamiento del empleo se corresponden con los salarios ofrecidos por las industrias en cada ciudad.

Por último, es posible establecer que, todas las variables expuestas del análisis económico desarrollado en el presente apartado son influyentes en la localización y distribución de la actividad económica en el territorio. En el apartado que sigue se analiza cada ciudad en función de su especialización industrial.

2.4 Perfil de crecimiento industrial urbano

Para calcular el coeficiente de localización[11] de la industria en la ciudad se tomaron los datos de población ocupada en la industria en general así como en sus nueve ramas;[12] los datos arrojaron los siguientes resultados, correspondientes a las ciudades presentes en cada región de estudio.

Cuadro 2.14 Especialización manufacturera, ciudades de la región frontera norte

Ciudad	Rama	1998	1993	1988	1985	1980	Ciudad	Rama	1998	1993	1988	1985	1980
Cd. Juárez	38	2.4	2.3	2.6	2.6	2.3		31	0.3	0.3	0.4	1.3	1.4
Matamoros	38	1.9	2.4	2.5	2.7	2.4	N. Laredo	32	0.5	0.6	0.7	1.0	1.1
	39	0.1	0.2	1.4	0.0	4.6		38	2.1	2.1	2.3	1.3	1.3
	31	0.5	0.8	0.5	1.0	1.1		39	1.1	0.7	3.1	0.2	1.1
Mexicali	34	1.1	0.9	1.1	0.9	0.7	Reynosa	34	1.1	1.0	0.2	0.4	0.3
	38	1.9	1.8	1.9	1.7	1.4		38	1.9	2.2	2.0	2.1	1.1
	39	4.5	0.1	0.9	3.6	0.4	Tampico	31	1.6	1.4	1.0	1.0	1.2
	32	0.5	1.0	1.1	1.0	0.9		35	3.3	3.5	4.1	3.6	4.7
Nogales	38	2.1	2.4	2.4	2.2	2.4		32	1.7	1.6	1.2	2.6	0.4
	39	5.4	1.4	1.8	16.0	2.2	Tijuana	36	1.6	1.1	0.7	0.5	0.5
								38	1.2	1.3	1.6	1.4	1.7

Fuente: Elaboración propia con base a los Censos Industriales.

El cuadro muestra que la región fronteriza se especializa en la industria de metálicos, maquinaria y equipo (rama 38), así como en otras industrias manufactureras (rama 39). Nogales y Nuevo Laredo se especializaban en la industria de textiles (rama 32); sin embargo, después de la apertura perdieron su concentración en dicha industria, en donde Tijuana se ha consolidado fuertemente a partir de 1985. Los resultados encontrados en esta región son consistentes con Calderón y Martínez (2004), en donde se identifica un patrón de industrialización tipo maquila en las ciudades de la frontera.

---

[11] La fórmula para el cálculo de los coeficientes de localización urbanos fue descrita en el capítulo 1.

[12] 31 es Productos alimenticios, bebidas y tabaco; 32 es Textiles, prendas de vestir e industrias del cuero; 33 es Industrias de la madera y productos de la madera; 34 es Papel y productos de papel, imprenta y editoriales; 35 es Sustancias químicas, derivados del petróleo y del carbón de hule y de plástico; 36 es Productos minerales no metálicos, excluye los derivados del petróleo y carbón; 37 es Industrias metálicas básicas; 38 es Productos metálicos, maquinaria y equipo; 39 es Otras industrias manufactureras.

Cuadro 2.15 Especialización manufacturera, ciudades de la región norte

Ciudad	Rama	1998	1993	1988	1985	1980	Ciudad	Rama	1998	1993	1988	1985	1980
Chihuahua	33	0.9	0.9	1.0	1.4	3.4	Monclova	37	25.2	22.4	20.5	18.2	12.2
	36	1.2	1.3	1.0	1.5	2.2		38	1.0	0.9	0.4	0.3	1.1
	38	1.8	2.1	1.8	1.7	0.7		39	0.0	0.0	0.0	2.0	0.0
Obregón	31	2.7	2.8	3.6	3.4	3.8	Monterrey	34	1.1	1.1	1.1	1.0	0.8
Cd. Victoria	31	1.0	1.2	2.3	2.3	1.7		35	1.1	1.0	0.7	0.7	0.9
	33	1.4	1.4	1.4	1.9	4.5		36	2.0	1.9	2.3	2.2	2.4
	34	1.4	1.8	2.8	3.3	3.2		37	2.7	1.9	1.6	2.5	3.8
	36	0.5	1.0	1.7	1.7	1.7		38	1.4	1.3	1.2	1.3	1.1
Ensenada	31	1.2	2.1	2.2	2.9	3.0	Saltillo	36	1.4	2.2	2.0	1.3	2.4
	34	0.6	0.5	1.1	1.0	0.2		37	0.2	0.5	1.5	0.2	0.0
	36	0.3	0.8	1.3	1.4	1.8		38	1.7	1.8	1.8	2.3	2.1
	39	4.1	6.5	0.0	1.4	0.0		39	0.8	1.1	0.6	0.9	1.1
Hermosillo	31	1.0	1.5	1.8	2.2	2.5	Torreón	31	0.6	0.8	1.3	1.6	1.5
	33	0.7	1.1	1.1	1.1	0.6		32	2.1	1.8	1.5	0.8	1.2
	34	0.8	1.1	1.2	1.4	1.1		33	0.8	1.1	1.0	0.9	1.1
	36	0.8	1.11	1.7	3.6	2.7		36	1.0	1.2	1.3	2.1	1.5
	38	1.4	1.1	0.8	0.6	0.6		37	2.8	2.6	0.2	0.0	0.0
								38	0.7	0.8	0.9	1.0	0.7
								39	0.1	0.7	1.0	2.7	0.7

Fuente: Elaboración propia con base a los Censos Industriales.

En la región norte, si bien existe una fuerte influencia en la localización de actividades de las ramas primarias (31, 32, y 33); también se observa fuerte presencia de especialización en industrias como Productos minerales no metálicos (rama 36) en Chihuahua, Ciudad Victoria, Ensenada, Hermosillo, Monterrey y Torreón.

En la industria de metálicas básicas (rama 37) se encuentra a las ciudades de Monterrey y Monclova con fuerte presencia a lo largo del periodo; Saltillo en 1988 y Torreón en 1988-1998. Además de dichas ciudades, Chihuahua se especializa en productos metálicos, maquinaria y equipo a partir de 1985.

Cuadro 2.16 Especialización manufacturera, ciudades de la región centro-norte

Ciudad	Rama	1998	1993	1988	1985	1980	Ciudad	Rama	1998	1993	1988	1985	1980
Aguascalientes	31	0.7	0.8	0.9	1.1	1.0	Mazatlán	31	3.2	3.3	3.1	3.	2.5
	32	1.7	1.9	2.7	2.6	2.8		34	1.4	1.2	1.1	1.0	1.1
	39	7.2	26.7	22.6	26.7	0.0	Querétaro	31	0.9	1.0	0.9	0.9	1.0
Celaya	31	1.8	1.5	1.9	1.6	0.9		34	1.2	1.1	0.7	0.4	0.4
	37	3.3	1.6	0.8	0.6	0.0		35	1.4	1.1	0.9	0.7	0.5
	38	1.0	1.3	1.4	1.8	2.2		36	1.0	1.1	1.3	1.5	1.2
Culiacán	31	2.6	2.6	2.7	3.3	2.9		38	1.5	1.5	1.6	1.9	1.8
	33	1.5	0.8	1.7	1.1	1.4	San Luís	31	1.1	1.0	1.0	1.0	1.0
	34	2.2	2.5	2.2	2.1	1.3		33	1.2	1.1	0.8	0.9	1.1
Durango	33	9.5	8.8	11.3	13.4	14.1		34	1.3	1.1	1.1	1.1	1.0
	34	1.3	1.3	1.8	1.0	0.2		37	8.6	5.7	4.1	3.8	2.0
	36	1.1	1.4	1.1	0.6	1.1		38	1.1	1.0	0.9	0.9	0.8
Irapuato	31	2.0	2.5	2.8	2.5	2.9	Tepic	31	3.5	3.1	3.1	3.8	4.1
	32	1.7	1.1	0.9	0.4	0.8		33	1.3	1.0	1.1	1.2	0.4
La Paz	31	2.3	2.0	2.2	1.8	3.0		36	1.3	1.1	1.7	0.1	0.3
	32	1.2	1.2	1.2	0.3	0.1	Zacatecas	31	1.3	1.7	1.6	2.0	1.2
	34	1.7	1.3	1.3	0.7	1.7		32	1.0	0.2	0.8	0.3	2.4
	36	0.6	1.0	1.1	0.7	0.9		33	1.3	1.4	1.8	2.4	1.1
León	32	3.3	4.1	4.6	4.4	4.2		34	1.2	1.8	0.7	0.7	0.9
Los Mochis	31	3.0	2.8	3.8	4.1	3.0		36	1.5	2.9	4.1	4.4	1.7
	33	0.7	1.0	0.8	1.1	0.4							
	34	1.6	1.5	1.2	0.5	0.7							

Fuente: Elaboración propia con base a los Censos Industriales.

De acuerdo al cuadro anterior, las ciudades de Aguascalientes, Celaya, Durango, Querétaro, San Luís Potosí, Tepic y Zacatecas, observaban especialización en las ramas 36, 37, 38 y la primera ciudad también en otras industrias manufactureras. Además se muestra que, el patrón de especialización predominantemente corresponde a las ramas primarias; donde el abastecimiento del mercado local es el objetivo central ya que todas las ciudades de la región se especializan en al menos una de las tres.

Cuadro 2.17 Especialización manufacturera, ciudades de la región centro-sur

Ciudad	Rama	1998	1993	1988	1985	1980	Ciudad	Rama	1998	1993	1988	1985	1980
Acapulco	31	2.8	3.0	3.2	3.5	3.4	Orizaba	31	1.6	1.6	1.6	2.1	3.4
	34	2.4	1.6	1.7	1.5	0.7		32	0.8	1.0	1.8	1.6	0.9
	36	1.3	1.3	1.8	1.2	1.6		34	2.7	3.3	2.7	0.2	0.3
Campeche	31	2.9	2.7	2.8	2.6	3.0		35	1.2	0.7	0.5	0.4	0.4
	33	1.4	1.4	1.9	2.3	3.1		36	2.0	1.7	1.5	3.1	0.8
	34	2.4	1.6	1.8	1.7	0.3		37	2.6	1.0	0.0	0.1	0.0
	36	1.7	1.6	1.4	2.3	1.2		31	1.0	1.2	1.6	2.0	1.3
Cancún	31	1.5	2.1	1.3	2.0	2.5		32	2.1	1.4	1.0	0.5	0.4
	33	2.5	2.2	2.6	4.2	1.6	Pachuca	36	0.7	1.6	0.8	4.2	2.3
	34	3.4	2.2	3.9	1.1	2.6		37	2.8	0.5	0.3	0.0	3.0
	36	2.6	2.4	5.1	4.0	2.8		38	0.4	0.6	1.0	0.6	1.1
Cd. de México	34	2.0	1.7	1.6	1.7	1.4		31	2.1	1.8	1.3	1.1	1.6
	35	1.8	1.6	1.4	1.1	1.2	Poza Rica	33	1.5	1.0	0.9	0.7	0.7
	38	0.7	0.9	0.9	1.1	1.1		35	3.0	2.8	4.0	3.5	0.1
	39	1.3	1.4	1.6	1.8	1.6		36	1.0	0.9	1.1	1.3	0.9
Coatzacoalcos	35	7.2	6.1	6.8	5.2	2.8		32	1.4	1.6	2.1	2.0	1.8
	31	2.3	2.0	2.5	1.9	2.5	Puebla	36	1.8	2.0	1.2	1.4	1.2
Colima	33	2.3	1.4	1.3	0.8	2.7		37	0.9	1.0	1.1	0.1	1.6
	34	2.1	2.5	2.1	1.1	1.2		38	1.0	0.9	1.0	1.3	0.5
	36	1.1	1.3	1.7	0.5	1.1		31	2.2	2.1	2.4	0.8	1.8
	31	2.6	2.7	3.2	3.0	2.9	Pto. Vallarta	33	2.4	2.2	2.9	2.4	6.4
Córdoba	34	1.3	1.1	0.7	0.9	0.7		34	3.3	2.4	1.0	0.9	1.3
	37	4.0	2.6	1.7	1.4	0.0		36	1.9	1.5	1.8	0.9	0.6
Cuautla	31	2.2	2.3	2.6	3.9	3.1		31	2.7	2.7	3.2	3.6	3.5
	36	1.5	1.2	1.0	0.4	2.3	Tapachula	33	1.6	1.1	1.2	1.0	0.4
	32	1.0	1.0	0.9	0.9	0.9		34	2.5	2.1	1.7	1.1	1.5
	35	1.7	1.7	1.8	1.3	1.8	Tehuacán	31	0.5	1.0	1.8	2.8	3.2
Cuernavaca	36	2.2	1.3	1.8	1.6	2.9		32	3.8	3.5	2.5	1.7	1.0
	38	0.7	1.0	1.0	1.2	0.9	Tlaxcala	32	3.1	3.6	4.5	4.1	3.6
	39	1.1	1.5	0.8	0.9	0.5		36	1.9	1.1	0.1	0.7	0.1
	31	1.2	1.1	1.1	1.1	1.0		31	1.1	0.9	0.9	0.8	0.8
Guadalajara	32	0.6	0.9	1.2	1.3	1.4	Toluca	35	1.4	1.5	1.3	0.9	1.0
	35	1.4	1.4	1.2	0.8	1.0		38	1.0	1.2	1.3	1.6	1.5
	36	1.2	0.8	0.9	1.1	0.9		31	2.2	1.9	2.6	2.2	2.3
	31	1.7	1.7	1.8	1.9	1.7	Tuxtla	33	1.5	1.8	2.0	2.1	5.0
Mérida	32	1.4	1.4	1.3	1.4	2.4		34	2.6	1.8	1.7	1.6	1.0
	34	1.1	1.0	1.1	1.0	0.5		36	1.7	1.3	1.0	1.5	1.5
	36	1.2	1.4	1.6	1.9	1.4		31	1.2	1.4	1.1	1.2	1.2
	39	1.9	1.6	0.3	0.3	0.1	Uruapan	33	6.9	5.5	7.5	6.6	5.6
Minatitlán	35	6.6	6.2	6.2	5.3	0.9		34	2.6	1.8	2.4	2.3	0.5
	31	1.8	1.4	1.8	1.6	1.6		31	1.6	1.7	1.2	0.9	1.1
	33	1.4	1.5	1.1	1.4	1.9		33	1.0	0.8	0.4	0.3	0.5
Morelia	34	1.8	1.9	1.1	2.8	3.3	Veracruz	34	1.6	1.1	0.6	0.5	0.5
	35	0.9	1.1	1.5	1.1	1.8		37	18.7	9.1	8.6	9.5	11.6
	36	2.0	1.6	1.8	1.0	0.8		38	0.5	0.7	1.0	1.1	0.5
	39	0.7	1.0	1.2	0.5	0.1		31	2.7	2.2	2.7	3.0	3.1
	31	1.9	1.9	2.1	2.4	1.0	Villahermosa	34	2.0	2.1	1.3	1.5	0.7
Oaxaca	33	4.3	3.2	5.0	0.6	4.3		35	1.6	1.8	1.9	1.3	0.2
	34	1.5	1.4	0.8	1.5	0.9		31	2.3	2.4	2.5	2.7	3.3
	36	3.3	2.6	2.1	3.2	1.6	Xalapa	34	2.1	2.2	1.8	1.9	0.8
	37	0.0	3.2	1.2	0.0	0.0		36	0.9	1.1	1.1	1.5	1.8
							Zamora	31	4.3	3.7	4.1	4.1	

Fuente: Elaboración propia con base a los Censos Industriales.

Como se puede observar los patrones de especialización en las ciudades del sur no presentan una tendencia general entre sí, sino que se especializan en diferentes actividades lo que da pauta para corroborar que en dichas ciudades la diversificación de sus actividades es más intensiva que en las urbes del norte, en donde la especialización se cumple entre ciudades de la misma región.

Para profundizar en el tema de la descentralización de la actividad económica y la distribución de la misma en el territorio nacional, se han evaluado los coeficientes de correlación entre las variables que se consideran influyentes en la localización industrial, es decir variables que pueden ser aprovechadas por las industrias como ventajas comparativas y que pueden internalizarlas con el fin de obtener mayores beneficios económicos.[13]

---

[13] Tal y como indica Porter (1990), las industrias internalizan sus ventajas para crear un monopolio local que además de beneficiarse económicamente también funciona como generador de innovación a través de los *spillovers* de conocimiento.

2.4.1 Relación tamaño medio *versus* productividad

La relación tamaño medio-productividad permite conocer sí las industrias de mayor tamaño también son las más productivas o sí las empresas de menor tamaño obtienen mayor productividad y por tanto mayores beneficios económicos que las grandes. En el siguiente cuadro se presenta la correlación para las variables en la industria en general.[14]

Cuadro 2.18 Correlación entre tamaño medio de los establecimientos y productividad

Ciudad	R^2	Ciudad	R^2	Ciudad	R^2
Acapulco	0.5957	Irapuato	-0.8731	Querétaro	0.4577
Aguascalientes	-0.5280	La Paz	-0.0347	Reynosa	-0.2580
Campeche	-0.1923	León	-0.1232	Saltillo	0.3281
Cancún	-0.3260	Los Mochis	-0.2617	San Luis	-0.2639
Celaya	-0.7293	Matamoros	-0.6375	Tampico	0.3735
Chihuahua	-0.6300	Mazatlán	-0.4284	Tapachula	-0.1248
Ciudad de México	0.2669	Mérida	0.4755	Tehuacán	-0.4384
Ciudad Juárez	-0.8199	Mexicali	-0.5624	Tepic	0.8433
Obregón	-0.1607	Minatitlán	-0.0430	Tijuana	-0.5628
Ciudad Victoria	-0.7479	Monclova	0.1647	Tlaxcala	0.1715
Coatzacoalcos	-0.3103	Monterrey	0.6598	Toluca	0.0813
Colima	-0.2186	Morelia	0.1570	Torreón	-0.0914
Córdoba	0.3344	Nogales	0.5077	Tuxtla	0.6687
Cuautla	-0.6415	Nuevo Laredo	-0.5285	Uruapan	0.3502
Cuernavaca	0.3331	Oaxaca	0.3334	Veracruz	0.1848
Culiacán	-0.1427	Orizaba	0.4363	Villahermosa	-0.6391
Durango	0.6448	Pachuca	-0.0933	Xalapa	0.1561
Ensenada	-0.2437	Poza Rica	-0.1295	Zacatecas	0.1096
Guadalajara	0.2996	Puebla	0.2755	Zamora	-0.2687
Hermosillo	0.0589	Puerto Vallarta	-0.4295		

Fuente: Elaboración propia con base a los Censos Industriales.

Como se observa, la correlación simple del tamaño medio de los establecimientos en la industria generalmente no se correlaciona con la productividad de la misma conforme se esperaba; sólo en el caso de Acapulco, Durango, Monterrey, Nogales, Tepic y Tuxtla Gutiérrez la correlación simple entre las variables es positiva y mayor a 0.5.

Dado que la correlación entre las variables se presenta en pocos casos de las ciudades en estudio, entonces no es posible eliminarlas del modelo empírico. Se procede ahora a construir un coeficiente de correlación entre dos variables que se espera puedan sesgar los resultados del análisis, el tamaño medio y los salarios.

2.4.2 Relación tamaño medio *versus* salarios

El análisis de tal relación, permite establecer si las industrias más grandes son las que pagan los más altos salarios o si las pequeñas industrias son las que mejores salarios ofrecen a sus empleados. En el siguiente cuadro se presenta un resumen del grado de correlación simple entre ambas variables en la industria en la ciudad.

---

[14] En el cuadro número 3 del anexo se presentan las correlaciónes de las variables para las nueve ramas de la industria.

Cuadro 2.19 Correlación entre tamaño medio de los establecimientos y salarios

Ciudad	R²	Ciudad	R²	Ciudad	R²
Acapulco	0.6264	Irapuato	-0.9058	Querétaro	0.4733
Aguascalientes	-0.5307	La Paz	0.0021	Reynosa	0.1801
Campeche	-0.2059	León	-0.1205	Saltillo	0.1288
Cancún	-0.3021	Los Mochis	-0.2640	San Luis	-0.2373
Celaya	-0.7574	Matamoros	-0.6223	Tampico	0.4123
Chihuahua	-0.6938	Mazatlán	-0.3349	Tapachula	-0.0729
Ciudad de México	0.2685	Mérida	0.4597	Tehuacán	-0.4383
Ciudad Juárez	-0.8290	Mexicali	-0.5792	Tepic	0.8591
Obregón	-0.1723	Minatitlán	0.0763	Tijuana	-0.6349
Ciudad Victoria	-0.7538	Monclova	0.1837	Tlaxcala	0.2044
Coatzacoalcos	-0.1709	Monterrey	0.6431	Toluca	0.2330
Colima	-0.1636	Morelia	0.2017	Torreón	-0.1073
Córdoba	0.3121	Nogales	0.5000	Tuxtla	0.6975
Cuautla	-0.5362	Nuevo Laredo	-0.5614	Uruapan	0.2792
Cuernavaca	0.2193	Oaxaca	0.3059	Veracruz	0.2303
Culiacán	-0.1541	Orizaba	0.5098	Villahermosa	-0.3469
Durango	0.6536	Pachuca	-0.0320	Xalapa	0.2598
Ensenada	-0.2648	Poza Rica	-0.0758	Zacatecas	0.1691
Guadalajara	0.3233	Puebla	0.2619	Zamora	-0.2629
Hermosillo	0.0995	Puerto Vallarta	-0.3152		

Fuente: Elaboración propia con base a los Censos Industriales.

Se observa correlación positiva y mayor a 0.5 en las ciudades de Acapulco, Durango, Monterrey, Orizaba, Tepic y Tuxtla Gutiérrez; en el resto la correlación se presenta menor a 0.5 y en algunos casos con signo negativo. Por ello no se puede eliminar ninguna de las dos variables en el análisis del modelo empírico. Ahora se evalúa si el salario se correlaciona con la productividad.

2.4.3 Relación salarios *versus* productividad

Los coeficientes de correlación simple entre los salarios y la productividad muestra sí las industrias mejor remuneradas también son las más productivas o sí la relación es inversa entre ambas variables; para ello observe el cuadro siguiente.

Cuadro 2.20 Correlación entre salarios reales en la industria y la productividad

Ciudad	R²	Ciudad	R²	Ciudad	R²
Acapulco de Juárez	0.9965	Irapuato	0.9970	Querétaro	0.9965
Aguascalientes	0.9931	La Paz	0.9977	Reynosa	0.8774
Campeche	0.9998	León	0.9985	Saltillo	0.9575
Cancún	0.9970	Los Mochis	0.9997	San Luis	0.9970
Celaya	0.9978	Matamoros	0.9953	Tampico	0.9837
Chihuahua	0.9954	Mazatlán	0.9935	Tapachula	0.9950
Ciudad de México	0.9989	Mérida	0.9985	Tehuacán	0.9993
Ciudad Juárez	0.9998	Mexicali	0.9993	Tepic	0.9995
Obregón	0.9998	Minatitlán	0.6404	Tijuana	0.9838
Ciudad Victoria	0.9992	Monclova	0.9838	Tlaxcala	0.9989
Coatzacoalcos	0.9762	Monterrey	0.9994	Toluca	0.9767
Colima	0.9977	Morelia	0.9977	Torreón	0.9997
Córdoba	0.9944	Nogales	0.9999	Tuxtla	0.9947
Cuautla	0.9903	Nuevo Laredo	0.9983	Uruapan	0.9956
Cuernavaca	0.9724	Oaxaca	0.9992	Veracruz	0.9961
Culiacán	0.9986	Orizaba	0.9948	Villahermosa	0.9270
Durango	0.9991	Pachuca	0.9934	Xalapa	0.9939
Ensenada	0.9991	Poza Rica	0.9961	Zacatecas	0.9970
Guadalajara	0.9985	Puebla	0.9992	Zamora	0.9953
Hermosillo	0.9733	Puerto Vallarta	0.9332		

Fuente: Elaboración propia con base a los Censos Industriales.

El análisis muestra que en la mayoría de los casos, se muestra correlación positiva y cercana a uno, de lo cual podemos concluir que efectivamente existe un alto grado de correlación entre los salarios y la productividad, es decir las industrias que pagan mejores remuneraciones también son más productivas que aquellas cuyos salarios pagados son bajos. Dados los resultados anteriores, se elimina del modelo empírico la productividad.

2.5 Diversificación o concentración de la industria por área de estudio

Tomando como base el índice Hirschman-Herfindhal (HH), cuya fórmula fue presentada en el capítulo anterior, se construye un coeficiente que permite medir el grado de diversificación de la industria en la ciudad utilizando como variable observada la población ocupada en la industria en general; las zonas urbanas en estudio presentaron los siguientes grados de diversificación:

Cuadro 2.21 Grado de diversificación en las ciudades

Región Fronteriza	1998	1993	1988	1985	1980	Región Centro Sur	1998	1993	1988	1985	1980
Cd. Juárez	0.6	0.5	0.6	0.5	0.5	Acapulco	0.3	0.4	0.4	0.5	0.5
Matamoros	0.4	0.5	0.5	0.5	0.5	Campeche	0.3	0.3	0.3	0.3	0.4
Mexicali	0.3	0.3	0.3	0.2	0.2	Cancún	0.1	0.2	0.2	0.2	0.3
Nogales	0.4	0.5	0.5	0.4	0.5	Cd. de México	0.1	0.1	0.1	0.1	0.1
Nuevo Laredo	0.4	0.4	0.4	0.2	0.2	Coatzacoalcos	0.6	0.5	0.8	0.7	0.4
Reynosa	0.4	0.4	0.3	0.3	0.3	Colima	0.2	0.2	0.3	0.2	0.3
Tampico	0.2	0.2	0.3	0.4	0.4	Córdoba	0.2	0.3	0.4	0.4	0.4
Tijuana	0.2	0.2	0.3	0.3	0.3	Cuautla	0.2	0.3	0.3	0.6	0.4
Región Norte	1998	1993	1988	1985	1980	Cuernavaca	0.1	0.2	0.2	0.2	0.1
						Guadalajara	0.1	0.1	0.1	0.1	0.1
Chihuahua	0.3	0.4	0.3	0.2	0.1	Mérida	0.2	0.2	0.2	0.2	0.3
Cd. Obregón	0.3	0.4	0.5	0.4	0.6	Minatitlán	0.6	0.5	0.7	0.8	0.6
Cd. Victoria	0.2	0.2	0.2	0.2	0.2	Morelia	0.1	0.1	0.2	0.2	0.2
Ensenada	0.2	0.2	0.2	0.3	0.4	Oaxaca	0.2	0.2	0.2	0.2	0.2
Hermosillo	0.2	0.2	0.2	0.2	0.3	Orizaba	0.1	0.2	0.2	0.2	0.5
Monclova	0.2	0.2	0.6	0.6	0.4	Pachuca	0.2	0.1	0.2	0.2	0.2
Monterrey	0.2	0.2	0.2	0.1	0.1	Poza Rica	0.2	0.2	0.3	0.4	0.3
Saltillo	0.3	0.3	0.3	0.4	0.4	Puebla	0.2	0.2	0.2	0.2	0.2
Torreón	0.2	0.2	0.2	0.2	0.2	Pto. Vallarta	0.2	0.2	0.3	0.3	0.2
Región Centro Norte	1998	1993	1988	1985	1980	Tapachula	0.3	0.3	0.4	0.5	0.5
						Tehuacán	0.6	0.4	0.3	0.3	0.4
Aguascalientes	0.2	0.2	0.3	0.2	0.3	Tlaxcala	0.4	0.4	0.5	0.4	0.4
Celaya	0.2	0.2	0.2	0.2	0.4	Toluca	0.2	0.2	0.2	0.2	0.2
Culiacán	0.2	0.3	0.3	0.4	0.4	Tuxtla	0.2	0.2	0.3	0.2	0.2
Durango	0.2	0.2	0.3	0.4	0.4	Uruapan	0.2	0.2	0.2	0.2	0.2
Irapuato	0.3	0.3	0.3	0.3	0.4	Veracruz	0.1	0.2	0.2	0.3	0.3
La Paz	0.2	0.2	0.2	0.2	0.4	Villahermosa	0.3	0.3	0.4	0.4	0.4
León	0.5	0.4	0.5	0.5	0.5	Xalapa	0.2	0.3	0.3	0.3	0.4
Los Mochis	0.3	0.4	0.6	0.6	0.4	Zamora	0.6	0.6	0.7	0.6	0.7
Mazatlán	0.4	0.5	0.4	0.4	0.3						
Querétaro	0.2	0.2	0.2	0.3	0.3						
San Luis	0.1	0.1	0.1	0.1	0.1						
Tepic	0.4	0.4	0.4	0.5	0.7						
Zacatecas	0.1	0.2	0.2	0.2	0.2						

Fuente: Elaboración propia con base a los Censos Industriales.

Tomando como referencia un grado de diversificación mayor a 0.4 con el fin de observar el patrón de economías de urbanización tipo Jacobs (1969) las ciudades que presentan un menor grado de diversificación y por tanto mayor grado de especialización se listan a continuación: Saltillo, Tampico, Durango y Cuautla presentan menor grado de diversificación en los años 1980 y 1985 de lo cual se puede concluir que a partir del periodo de apertura la ciudad presentó fuerzas de atracción a la inversión extranjera y a la localización industrial ya que a partir de allí el índice de HH es menor a 0.4; Monclova, Villahermosa, Tapachula y Córdoba presentan un patrón similar sólo que se extiende a un periodo más (1988).

León, Zamora, Tepic, Tlaxcala, Minatitlán, Coatzacoalcos, Ciudad Juárez, Los Mochis, Mazatlán, Matamoros y Nogales, son ciudades que presentan menor grado de diversificación a lo largo del período, es decir en algunos casos presentan índices muy cercanos a 0.7, de dichas ciudades podemos decir que son un tanto más especializadas con respecto del resto de urbes en la muestra.

La ciudad de México presenta el mayor grado de diversificación en 1998 con 0.1739 y el menor grado de diversificación lo presenta Coatzacoalcos con 0.6843; para 1993 el mayor grado fue de 0.1752 en la ciudad de México y el menor fue 0.6786 para Zamora; en 1988 la ciudad de San Luís Potosí presentó el mayor grado con 0.1731 y la ciudad de Coatzacoalcos fue la de menor grado con 0.8588; en 1985 el grado mayor también fue para San Luís Potosí con 0.1699 y la de menor grado fue Minatitlán con 0.8182; en 1980 la de mayor grado fue Chihuahua con 0.1569 y la de menor fue Zamora con 0.7438.

El grado de diversificación que presentan las ciudades fronterizas de Ciudad Juárez en Chihuahua y Nogales en Sonora es especial, porque esto significa que a lo largo del periodo dichas ciudades siempre estuvieron especializadas, caso contrario de Reynosa y Nuevo Laredo en donde el grado de diversificación en los primeros pasos de la apertura era mayor que en los periodos posteriores a ella.

De lo anterior se deduce que, a partir de la entrada al mercado de Estados Unidos los patrones de localización observados se redistribuyeron en el territorio nacional, mostrando preferencia por las localizaciones de la zona norte. Para probarlo se ha regionalizado el país siguiendo la propuesta de autores como Hiernaux (1995) y Sobrino (2003).

2.5 Regionalización y delimitación espacial de las ciudades

La fase de transición territorial nacional, producto de las diferentes estrategias de los modelos de desarrollo industrial, se observan en los cambios de patrón industrial en los territorios del país, ahora los estados y las ciudades del norte observan una mayor proporción del valor agregado nacional a diferencia de antaño en donde la ciudad de México era la mejor posicionada en este rubro.

Existen diversas y diferenciadas regionalizaciones de un sinnúmero de autores que han estudiado el país y han regionalizado tomando como base variables tales como población, grado de urbanización, delimitación de la constitución política del área o colindancia espacial, grado de interacción económica entre las áreas, características físicas similares, actividades económicas relacionadas etc.

En el desarrollo de esta investigación y para los objetivos que se persiguen se consideró la regionalización que hace Hiernaux (1995), éste autor construye nueve regiones a las cuales llama: Noroeste, Norte, Noreste, Centro Norte, Costa Golfo, Occidente, Centro, Pacífico Sur y, Península de Yucatán; en dicha regionalización el autor utiliza a la población y el grado de urbanización como variables para delimitar sus regiones.

Sobrino (2003) crea otra regionalización, en la cual las variables estudiadas son las mismas que el autor anterior; sin embargo, la regionalización de éste autor es diferente, pues él considera sólo seis regiones a las cuales llama Frontera Norte, Norte, Occidente, Centro, Valle de México, Sur y Sureste.

Considerando estos esfuerzos, la regionalización construida, como se ha visto antes, se conforma de sólo cuatro zonas, las cuales se visualizan en el siguiente mapa 1.[15] En la primera región (Frontera Norte) el patrón de industrialización es su característica principal (maquilador), en contraste en la zona norte el patrón de industrialización es guiado por la inversión extranjera directa, y por tanto el incremento o decremento de su valor agregado en el nivel de producción es dependiente tanto del mercado norteamericano, como de la inversión que se realiza.

La tercera región (Centro norte) tiene por característica la especialización en la industria local, por lo que el desarrollo industrial de ésta zona no depende directamente del mercado estadounidense, su producción en su mayoría se destina al mercado doméstico; por último, la cuarta región llamada centro sur presenta una diversificada actividad industrial dado que las características presentes en cada uno de los estados que la conforman son de diversa índole.

---

[15] En el cuadro 4 del anexo puede observarse cuales son los estados y las ciudades a las cuales pertenece cada zona o región.

Mapa 2.1 Regionalización utilizada en la investigación

- Frontera
- Norte
- Centro Norte
- Centro Sur

Fuente: Elaboración propia.

Para terminar, aclarar que el principal objetivo del capítulo fue mostrar como los patrones territoriales de distribución de la actividad económica, han estado influidos por el desarrollo de la política económica en México; se encontró evidencia de la relocalización de la actividad industrial de la ciudad de México a los estados del norte, sobre todo a partir de 1988, periodo en el cual la apertura comercial se fortalecía.

Los coeficientes de localización mostraron que las actividades cuya manufactura necesita de un gran número de mano de obra (esto es intensivas en trabajo), se han localizado en la zona norte del país; sobre todo en las ciudades de la línea fronteriza. En las ciudades del norte, el patrón de especialización se observa en aquellas ramas cuyos procesos de producción no son intensivos en mano de obra; sino que gran parte de su producción se realiza con bienes de capital, por tanto en éstas ciudades la inversión extranjera es bastante significativa para lograr avance en el desarrollo industrial de la región, sobre todo las industrias duras de las ramas 36, 37, 38 y 39.

Otro resultado, es el comportamiento del grado de diversificación de las ciudades; sí bien la mayoría de las urbes de la muestra no presenta cambios significativos; ciudades claves del norte del país, entre ellas: Saltillo, Monclova, Tampico y Durango, muestran menor grado de diversificación cuando la apertura comercial aún no se iniciaba, posteriormente su grado de diversificación va significativamente en aumento.

Además en el desarrollo del capítulo se pudo observar que las remuneraciones medias al personal ocupado en la manufactura son un factor de influencia en la localización industrial, así como la distancia a la frontera y en menor grado la productividad y el tamaño medio de los establecimientos.

La regionalización utilizada en la investigación se conforma por cuatro zonas que acomodan geográficamente las 59 ciudades de la muestra. En la frontera norte se encuentra a las ciudades de Tijuana, Ciudad Juárez, Matamoros, Mexicali, Nogales, Nuevo Laredo, Reynosa y Tampico. En el norte se encuentran las ciudades de Chihuahua, Ciudad Obregón, Ciudad Victoria, Ensenada, Hermosillo, Monterrey, Monclova y Saltillo. En el centro norte se sitúan las ciudades de Aguascalientes, Celaya, Culiacán, Durango, Irapuato, La Paz, León, Los Mochis, Mazatlán, Querétaro, San Luís Potosí, Tepic y Zacatecas. Por último en la región centro sur se localizan las ciudades de Acapulco, Campeche, Cancún, Ciudad de México, Coatzacoalcos, Colima, Córdoba, Cuautla, Cuernavaca, Guadalajara, Mérida, Minatitlán, Morelia, Oaxaca, Orizaba, Pachuca, Poza Rica, Puebla, Puerto Vallarta, Tapachula, Tehuacán, Tlaxcala, Toluca, Tuxtla, Uruapan, Veracruz, Villahermosa, Xalapa y Zamora.

3
Evidencia econométrica de la especialización industrial y el crecimiento urbano

El presente capítulo tiene por objetivo comprobar las hipótesis de investigación; para ello se realiza un análisis econométrico con datos de sección cruzada a los que se aplica el método de mínimos cuadrados ordinarios para evaluar cada una de las regiones de estudio a través de los siguientes periodos: 1980-1985, 1985-1988, 1988-1993 y 1993-1998.

Se realiza un análisis de cada una de las cuatro regiones con sus correspondientes ciudades, a fin de observar el comportamiento de los patrones de industrialización y la actividad manufacturera. Se reconoce que las ciudades del país han ido incrementando su tamaño en los últimos años, la población que habita en las áreas urbanas es mayor, así como los servicios y los empleos de los cuales se sustentan los habitantes urbanos.

También se realiza una evaluación adicional con panel de datos, usando cuatro métodos de estimación: mínimos cuadrados ordinarios, mínimos cuadrados ponderados, efectos fijos y finalmente efectos aleatorios. Esto con el fin de obtener los mejores estimadores linealmente insesgados y así conocer el comportamiento económico de los patrones de desarrollo industrial a lo largo del periodo de estudio.

El capítulo presenta, en primer lugar, una descripción estadística de las variables, después los resultados de los ejercicios econométricos, para terminar con el comentario de los resultados más importantes. Los datos utilizados fueron obtenidos de los Censos Industriales publicados por el INEGI. De dichas publicaciones, se tomaron los datos de las características principales de la industria: unidades económicas, personal ocupado, remuneraciones medias, activos fijos, formación bruta de capital fijo, producción bruta, insumos totales y valor agregado censal bruto, a excepción del censo correspondiente a 1980, de éste sólo se obtuvieron las tres primeras variables y el valor agregado.

Tales variables fueron deflactadas usando como base el índice de precios al productor, con el fin de que la estimación obtenida fuera más consistente y sus resultados hablaran del crecimiento urbano en términos reales.

3.1 Análisis estadístico

Como parte del análisis estadístico de los datos se construyen tablas de medias y varianzas, así como gráficas para representar la tendencia de la manufactura y de sus nueve ramas; el análisis se hace sobre las cuatro regiones y la muestra de ciudades. De tal forma que el presente apartado describe la representatividad en el tiempo tanto de las ciudades como de las regiones en variables como el valor agregado, la productividad, los salarios y el empleo.

3.1.1 Análisis de media y varianza

En lo siguiente se detallan los resultados arrojados en cuanto a media y varianza en las regiones y ciudades de la muestra. Para facilitar el análisis de los datos se construye un cuadro señalando, en primer lugar las aportaciones de la industria manufacturera en general, posteriormente la descripción de los resultados por cada una de sus nueve ramas, ambos a nivel nacional.[1] Cabe mencionar que, el análisis siguiente se realiza con el fin de conocer cuál rama es la que en promedio se encuentra mejor posicionada en la industria, en cada periodo de estudio.

Analizando el valor agregado sectorial en 1980 se obtuvo una media de 545 917 pesos correspondiente a la rama de productos metálicos; en 1985 fue de 422 526 pesos en la misma rama que el año anterior; en 1988 correspondió a la misma rama (38) y fue de 606 467 pesos; 687 345 pesos en 1993 y 984 232 pesos en 1998. De lo cual podemos concluir que la rama de los productos metálicos es la que mayor aporta al valor agregado de la industria a lo largo del período. La siguiente gráfica muestra la tendencia en el tiempo del valor agregado de las ramas de la industria a nivel nacional.

---

[1] Los datos que se utilizaron de los censos industriales correspondientes a 1980, 1985, 1988, 1993 y 1998 se tomaron en miles de pesos a precios constantes de 1993 en el caso de remuneraciones totales y valor agregado, los valores de población ocupada y unidades económicas se tomaron tal y como aparece en los tabulados publicados.

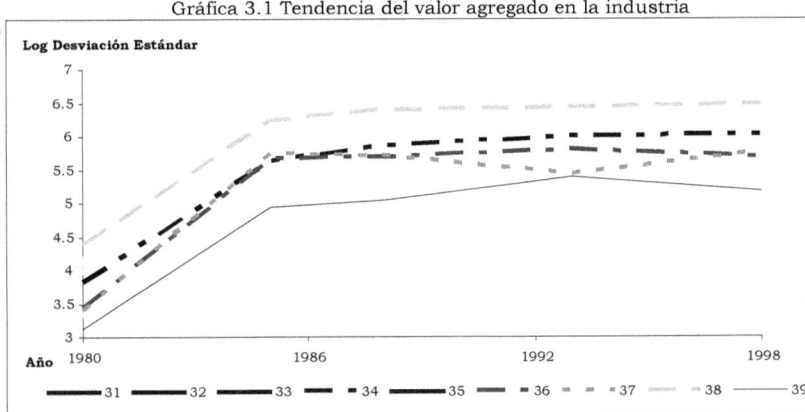

Gráfica 3.1 Tendencia del valor agregado en la industria

Fuente: Elaboración propia.

En la gráfica anterior se observa que la tendencia del logaritmo de la desviación estándar del valor agregado se presenta de manera similar entre las nueve ramas de la industria, los quiebres que se presentan a lo largo de las líneas son relativamente pequeños.

Otro indicador de importancia es la productividad, ésta se construyó a partir de los datos de población ocupada y valor agregado de la industria (para los censos en estudio 1980, 1985, 1988, 1993 y 1998), se obtuvieron las medias de los correspondientes censos, para cada una de las ramas; aquí se describen aquellas ramas que presentan el valor promedio mayor en cada periodo de estudio.

En 1980 se obtuvo 219 292 364 pesos en la rama 37; en el siguiente periodo fue de 48 153 849 pesos en la rama 35; en 1988 fue 49 372 683 pesos en la misma rama que el periodo anterior, lo mismo que en el periodo siguiente (1993) solo que la media ascendió a 79 634 821 pesos; en el último período la máxima fue de 92 930 634 y lo obtuvo la rama 37. Lo anterior demuestra que las ramas más productivas de la industria son la de químicas y sus derivados y la de metálicas básicas. La siguiente gráfica muestra la tendencia de la productividad de las ramas de la industria manufacturera a nivel nacional.

Gráfica 3.2 Tendencia de la productividad en la industria

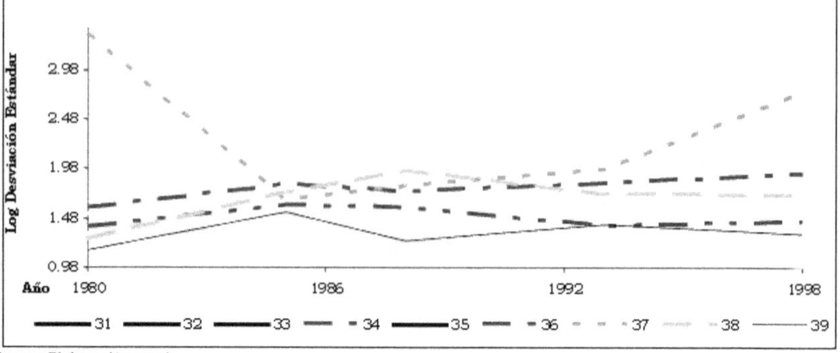

Fuente: Elaboración propia.

En el análisis de la gráfica se debe resaltar que la rama de la industria de las bebidas y tabaco se presenta sin variación desde 1988, lo cual significa que a partir de la apertura comercial dicha actividad mantiene constante su productividad así como la 32 y 33; las ramas 34, 35 y 36 presentan tendencia similar, cabe resaltar que muestran tendencia creciente de 1980 a 1985; sin embargo, al inicio de la apertura 1985-1993, la productividad de dichas ramas tiene un ligera caída en productividad. No así las ramas de la industria pesada (38 y 39), las cuales muestran una caída ligera al inicio de la apertura pero se muestra un marcado incremento en los periodos subsiguientes, sobre todo a partir de 1988. Sobresale la rama 37, la cual presenta una tendencia decreciente en el periodo previo a la apertura; a partir de la apertura la productividad se incrementa notablemente.

Para el cálculo de los salarios[2] se utilizaron las variables de población ocupada y remuneraciones totales, la media salarial menor fue de 3 862 pesos en la rama 39 para 1980; en 1985 la menor fue de 7 033 pesos correspondiente a la misma rama; diferente de 5 212 pesos que en 1988 se pagaban a los trabajadores de la rama 39 y 5 196 en la 33; en 1993 se pagaban 6 850 en la 33 y 8 236 en la 39; en 1998 la tendencia siguió, 5 095 pesos en la rama 33 y 6 926 pesos en la 39.

---

[2] En el análisis de medias salariales se describen aquellas ramas que presenta la media mínima dado que el promedio máximo en todos los periodos lo presenta la rama 35 correspondiente a la industria química que incluye los salarios pagados por la petroquímica y esto puede representar un sesgo en el análisis de los datos.

Esto muestra que después de la industria de la madera y los muebles, la actividad representativa de "otras industrias" es la que paga los salarios más bajos a lo largo del período, lo cual es lógico si se considera que dentro de dicha rama se encuentran las empresas maquiladoras, cuya característica principal son los bajos salarios.

La siguiente gráfica muestra la tendencia en el tiempo de los salarios en las ramas de la industria a nivel nacional. En dicha gráfica se muestra la caída de los salarios reales (excepto en las ramas 34 y 37), observable en el aumento de la dispersión en el periodo previo a la apertura comercial; entre 1985-1988 la dispersión disminuye por lo que los salarios reales convergen en la mayoría de las ramas; en los periodo de apertura (1988-1993) sigue manifestándose la misma tendencia, para el periodo de post apertura la dispersión de los salarios reales vuelve a caer; sin embargo, el nivel de remuneraciones en dicho periodo es mejor que en 1980. La industria de químicos y sus derivados, es la única que se muestra constante a lo largo del periodo.

Gráfica 3.3 Tendencia de los salarios reales de la industria

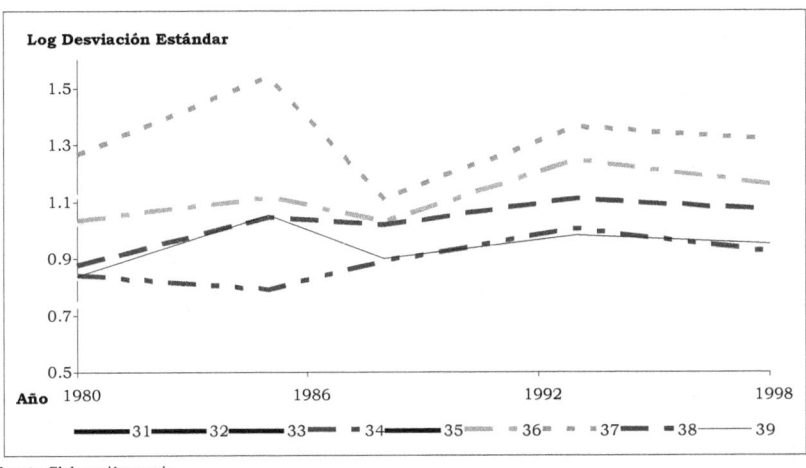

Fuente: Elaboración propia.

Para completar el análisis, se continúa con el empleo. La rama que mayor personal ocupaba en 1980 era la de productos metálicos con una media de 9 252 empleados; ésta misma rama se mantiene a lo largo del periodo con medias por encima de 10 000 trabajadores, de lo anterior se puede destacar que dentro de ésta clase de actividad se encuentran las industrias duras de metalmecánica en donde el personal necesario para la producción es elevado. La siguiente gráfica muestra la tendencia en el tiempo del empleo en las ramas de la industria manufacturera a nivel nacional.

Gráfica 3.4 Tendencia del empleo en la industria

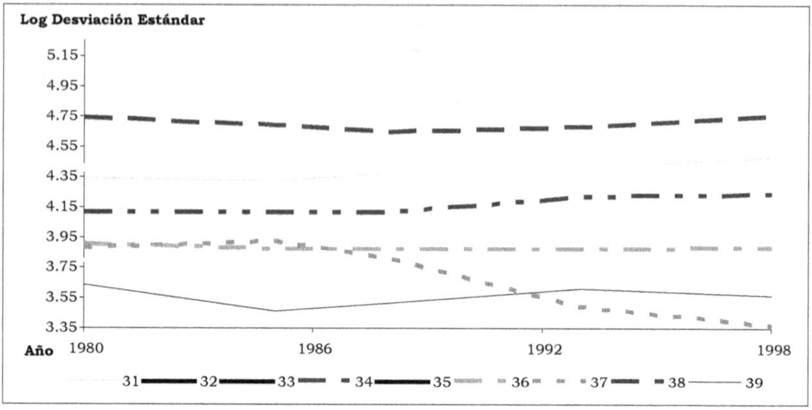

Log Desviación Estándar
5.15
4.95
4.75
4.55
4.35
4.15
3.95
3.75
3.55
3.35
Año 1980
1986
1992
1998
31
32
33
34
35
36
37
38
39

Fuente: Elaboración propia.

El empleo en la manufactura no observa cambios significativos. La gráfica anterior muestra que la tendencia es casi lineal en las nueve ramas; sólo la rama de "otras industrias manufactureras" no es constante en el tiempo, hecho que puede explicarse en función de que la rama 39 de la manufactura concentra las industrias dedicadas a la maquila y se sabe que en las empresas de este tipo la rotación de personal es característica común.

3.1.1.1 Análisis de media y varianza para la muestra completa

Con el fin de contrastar los hallazgos anteriores, se graficaron los efectos de las mismas variables a través de cada uno de los años censales, a nivel de industria manufacturera y las nueve ramas que la componen.

Cuadro 3.1 Valor promedio por rama industrial a nivel nacional

Variables	Ramas	Años Censales 1980	1985	1988	1993	1998
				Media		
VA(mp)	3	175,768,703	1,539,087	1,896,115	2,588,128	2,958,958
	31	32,721,533	282,919	360,703	644,660	606,458
	32	22,707,850	124,230	154,032	217,020	230,790
	33	5,260,548	21,116	23,701	41,274	40,631
	34	12,455,550	61,210	103,069	154,598	163,440
	35	28,600,669	397,357	411,046	573,439	618,599
	36	8,026,034	99,439	105,144	153,876	151,426
	37	8,934,751	116,061	115,058	76,633	132,491
	38	54,591,757	422,525	606,467	687,345	984,232
	39	2,470,632	14,227	16,892	39,287	30,864
Pro(mp)	3	32,473	36,383	42,628	56,051	51,451
	31	31,782	25,981	36,885	56,074	51,460
	32	19,322	17,197	18,426	19,515	17,037
	33	15,854	14,950	13,812	17,064	13,552
	34	23,275	24,468	28,621	34,751	32,498
	35	32,313	48,153	49,372	79,634	63,546
	36	28,584	35,360	36,815	48,350	55,394
	37	219,292	20,798	29,556	36,536	92,930
	38	23,217	33,762	39,234	37,357	40,668
	39	8,172	12,560	12,804	21,052	16,315
W(mp)	3	14,210	15,399	13,324	19,233	16,081
	31	11,864	14,089	10,233	16,507	13,530

	32	9,460	8,742	7,603	9,774	8,500
	33	6,580	9,296	5,196	6,850	5,095
	34	11,172	11,022	9,282	17,090	12,362
	35	13,623	15,537	15,636	24,244	24,750
	36	11,800	13,136	10,500	16,979	14,043
	37	6,954	11,380	8,507	13,149	9,874
	38	11,434	13,550	11,510	16,488	13,143
	39	3,862	7,033	5,212	8,236	6,926
	3	29,961	34,049	35,857	42,042	53,070
	31	5,402	6,050	6,612	8,190	9,044
	32	4,897	5,324	5,846	6,825	10,225
	33	1,287	1,233	1,293	1,591	2,055
L	34	1,747	1,881	2,082	3,002	3,293
	35	3,781	5,060	5,027	5,342	6,818
	36	1,654	1,824	1,950	2,216	2,406
	37	1,428	1,711	1,445	778	633
	38	9,251	10,430	11,018	13,320	17,736
	39	510	531	579	773	854

VA: Valor agregado; Pro: Productividad; W: Salarios; L: Empleo; mp: miles de pesos.
Fuente: Elaboración propia.

Observando entre periodos el valor agregado y la productividad, su media muestral presenta tendencia creciente a través del tiempo. Los salarios como se había observado en las gráficas anteriores, con la excepción de las ramas 32 y 33, también muestran una tendencia creciente.

Aun y cuando el empleo muestra tendencia creciente al observar la media muestral entre las ramas, así como en la industria manufacturera en general; en el gráfico representativo (gráfica 3.4) se muestra que la tendencia de esta variable es casi lineal a través del periodo; es decir, la dispersión de los trabajadores de la industria se presenta de manera similar en todos los periodos observados.

Por otro lado, si el empleo no varía a lo largo del periodo, entonces la productividad tampoco lo hará, dado que cada trabajador agrega valor al ramo de la industria en donde se emplee. Bajo esta circunstancia, se considera que el comportamiento del valor agregado y la productividad deberían ir a la par de la tendencia del empleo; es decir; ambas variables son sensibles al comportamiento del empleo en la industria.

Al comparar las siguientes gráficas, de la tendencia en el tiempo del valor agregado en la primera posición y productividad en la segunda posición se observa como la dispersión del periodo 1980-1985 en el valor agregado se incrementa en la industria manufacturera; mientras que para 1985-1998 la tendencia se mantiene constante. Lo mismo ocurre con la tendencia de la productividad, en el periodo 1980-1985 la dispersión aumenta, por lo que en dicho periodo las ciudades de la muestra tienen una tendencia hacia la divergencia en productividad, de lo cual se puede deducir que la productividad es una variable de influencia en el proceso de generación de valor agregado en la industria nacional y es sensible a los cambios en el empleo.

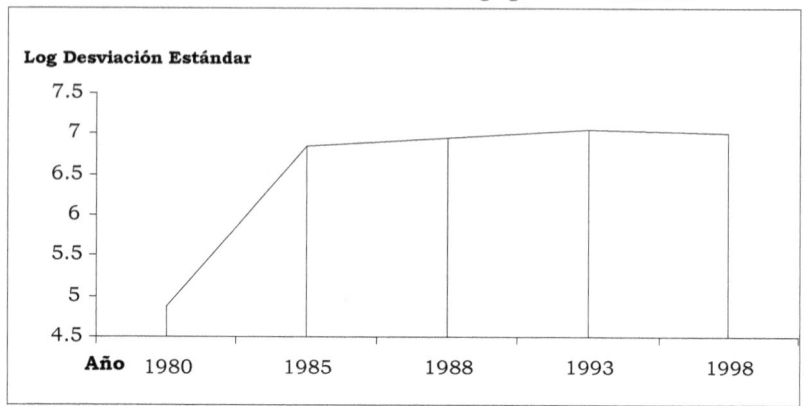

Gráfica 3.5 Tendencia del valor agregado en la industria

Fuente: Elaboración propia.

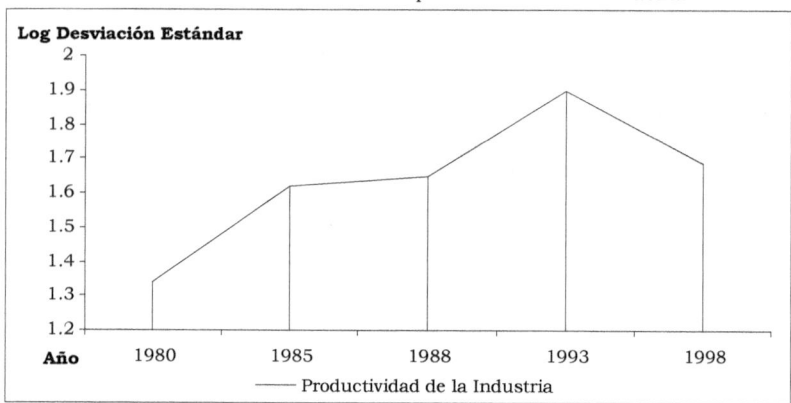

Gráfica 3.6 Tendencia de la productividad en la industria

Fuente: Elaboración propia.

A pesar de que en el periodo post-apertura (1993-1998) la productividad se incrementa notablemente, el valor agregado en dicho periodo no presenta modificaciones, pues la tendencia desde el periodo 1988 a 1998, parece constante. Se supone que mientras más productivo es un trabajador mayor es la generación de valor agregado y, por ende, mayor la remuneración recibida, por lo que en lo siguiente se trata de comprobar si el comportamiento de la productividad es similar al de los salarios.

Gráfica 3.7 Tendencia de los salarios en la industria

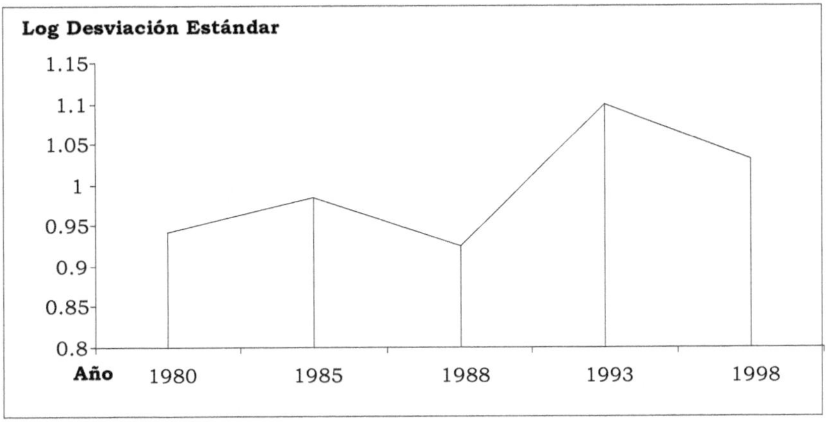

Log Desviación Estándar

| Año | 1980 | 1985 | 1988 | 1993 | 1998 |

Fuente: Elaboración propia.

En el gráfico se observa la caída de los salarios reales de 1980 a 1985, en el periodo siguiente la dispersión se reduce, en el correspondiente a 1988-1993 la tendencia es creciente y por tanto los salarios reales se reducen, ya que la dispersión aumenta; decrece en 1993-1998; sin embargo, el nivel en dicho periodo no es el mismo que en 1980.

Dadas las restricciones de oferta y demanda de trabajo indicadas por la teoría neoclásica se debería esperar que la tendencia que siguen los salarios se corresponda con la figura que presenta el empleo; sin embargo, los salarios reales sólo en 1988-1993 se corresponden con la tendencia del empleo, no así en el periodo post-apertura (1993-1998).

La siguiente gráfica muestra como la tendencia de 1980-1988 es decreciente, a diferencia del periodo de apertura 1988-1998, en donde la tendencia se muestra creciente.

Gráfica 3.8 Tendencia del empleo en la industria

Log Desviación Estándar (eje Y: 5.14 a 5.26; eje X Año: 1980, 1985, 1988, 1993, 1998)

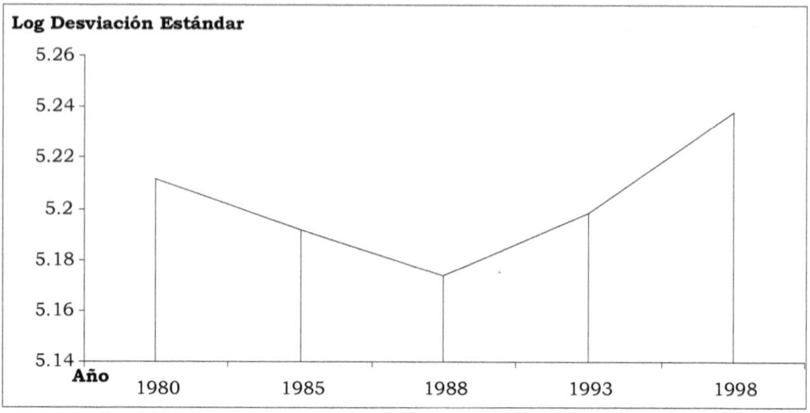

Fuente: Elaboración propia.

El gráfico anterior muestra como en tramo final del periodo de sustitución de importaciones el empleo en la industria manufacturera en México era mayor, que cuando se adopta la política de apertura comercial; es decir, el abrir las fronteras a la entrada de productos y empresas, en su mayoría de origen extranjero trajo consigo una reducción del empleo nacional, ya que las industrias recién llegadas contaban con mejores tecnologías que ahorran mano de obra y ocupan menor personal. Por ello la tendencia de la productividad se corresponde con la tendencia de los salarios; sin embargo, dichas empresas no generan valor agregado a la industria nacional, sino que sus beneficios se trasladan al lugar de procedencia de la industria.

Es decir, la apertura comercial ha afectado en términos de empleo a nivel nacional en la industria manufacturera; pero no se puede concluir que, de la implementación de dicha política se derivan más pérdidas que beneficios en la dispersión de la actividad industrial en el país.

Es necesario observar dentro de cada una de las regiones descritas con anterioridad, específicamente, el contexto urbano, para conocer y afirmar que a raíz de la apertura comercial las ciudades del país han sufrido trasformaciones en sus patrones de crecimiento y especialización industrial; en particular las del norte y las fronterizas, lo que se traduce en una reconfiguración espacial de la actividades económicas, incluida la industria manufacturera.

3.1.1.2 Análisis de media y varianza al interior de las regiones

En el apartado anterior se mostraron resultados en las tendencias generales de las variables a nivel nacional; lo cual, representa una restricción para identificar cuáles son las ciudades que se encuentran mejor posicionadas. En el presente se comprueba si la hipótesis sobre los patrones diferenciados de especialización industrial, se cumple al interior de las regiones; también persigue identificar aquellas ciudades que cumplen con los supuestos planteados por los patrones industriales y discutir que pasa en cada periodo de estudio.

Cuadro 3.2 Valor agregado promedio en las regiones

Región	Periodos				
	1980	1985	1988	1993	1998
Frontera	516,469	683,538	826,693	1,332,205	2,182,089
Norte	445,359	2,095,382	2,724,705	2,999,466	4,429,811
Centro Norte	524,567	539,359	685,660	1,062,693	1,559,117
Centro Sur	3,099,173	2,087,927	2,525,012	3,549,550	3,407,215

Miles de pesos a precios de 1993.
Fuente: Elaboración propia con información de los Censos Industriales.

Los resultados anteriores muestran que en el periodo de sustitución de importaciones, la región centro sur generaba la mayor proporción del valor agregado; seguidas de la región fronteriza y centro norte; para el siguiente periodo (1985) el centro sur del país aún no perdía su lugar en la generación de valor agregado; la región norte incrementa notablemente su participación en dicha variable, no así para la centro norte y fronteriza en donde se puede decir que es constante. En los periodos de apertura y post apertura (1988-1998), se confirma que la región centro sur no pierde competitividad en la generación de valor agregado nacional.

Gráfica 3.9 Tendencia del valor agregado en la industria, regiones

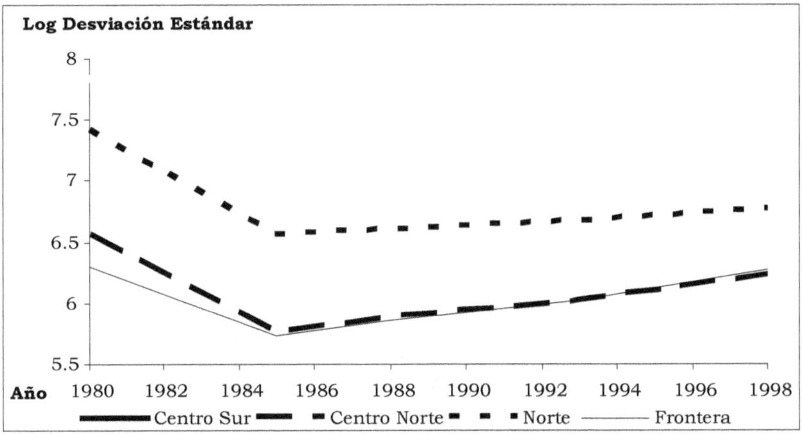

Fuente: Elaboración propia.

En el gráfico se encuentra que la tendencia es similar para las regiones frontera y norte, a partir de 1985 y convergen en los periodos de apertura 1988-1993. En la región centro norte y centro sur, la tendencia se muestra similar, pero no convergen como en las dos regiones anteriores. Se han construido cuadros que identifican las ciudades cuya tendencia en el valor agregado es superior a la media de la región. El que se presenta a continuación, corresponde a las ciudades de la región fronteriza.

Cuadro 3.2.1 Valor agregado en las ciudades de la región frontera

Ciudades	Periodos				
	1980	1985	1988	1993	1998
Cd. Juárez	229,282	1,502,883	2,276,284	3,572,365	6,263,566
Matamoros	757,298	991,658	1,027,154	1,514,445	2,590,048
Mexicali	60,881	675,888	631,691	1,203,850	2,994,146
Nogales	225,479	268,713	376,498	395,432	742,961
Nuevo Laredo	751,025	84,643	252,137	619,688	713,269
Reynosa	715,107	623,467	608,141	986,915	1,962,466
Tampico	1,031,009	1,284,245	1,365,556	1,938,599	1,285,115
Tijuana	361,674	36,810	76,082	426,350	905,139

Miles de pesos de 1993.
Fuente: Elaboración propia con información de los Censos Industriales.

Destaca que Ciudad Juárez se muestra superior a la media en el valor agregado de la región a lo largo del periodo; Matamoros se presenta superior sólo a partir de 1985-1998, Mexicali en 1980 y 1998, Tampico de 1980-1993 y Tijuana sólo en 1980. Para obtener una mejor lectura de la tendencia en la región anterior se construyó el siguiente gráfico:

Gráfica 3.9.1 Tendencia del valor agregado en la industria, región frontera.

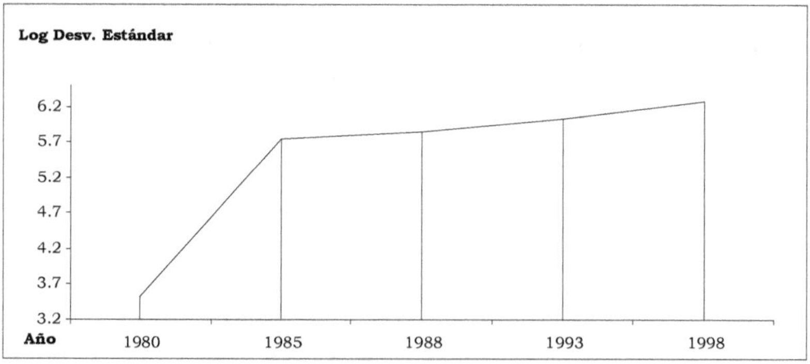

Fuente: Elaboración propia.

Se observa que de 1980 a 1985 se incrementó la dispersión del valor agregado en la región, posterior a ello de 1985-1998 la dispersión se mantuvo constante sin reducirse. En la segunda región (norte) la ciudad de Monterrey presenta un valor agregado por encima del promedio en todo el periodo, Monclova sólo es superior en 1985 y Saltillo es superior al promedio a partir de 1985 y hasta 1998. Los resultados para las ciudades de la región norte, se presentan a continuación.

Cuadro 3.2.2 Valor agregado en las ciudades de la región norte

Ciudades	Periodos				
	1980	1985	1988	1993	1998
Chihuahua	162,043	612,738	1,973,311	1,832,042	2,990,056
Cd. Obregón	662,240	266,884	371,470	513,401	719,589
Cd. Victoria	92,674	14,886	19,096	123,349	98,281
Ensenada	55,059	429,134	407,242	494,894	653,174
Hermosillo	188,783	429,444	581,776	1,812,966	3,226,577
Monclova	830,296	2,275,990	1,769,234	846,184	2,983,939
Monterrey	33,726	11,497,578	12,395,733	15,155,254	19,573,938
Saltillo	1,186,909	2,299,570	5,820,040	3,421,288	6,129,487
Torreón	796,505	1,032,212	1,184,444	2,795,812	3,493,261

Miles de pesos de 1993.
Fuente: Elaboración propia con información de los Censos Industriales.

Todas las ciudades de la región anterior incrementaron su valor agregado a lo largo del periodo; sin embargo, pocas son superiores a la media regional. La gráfica de la tendencia del valor agregado en la región es la siguiente.

Gráfica 3.9.2 Tendencia del valor agregado en la industria, región norte.

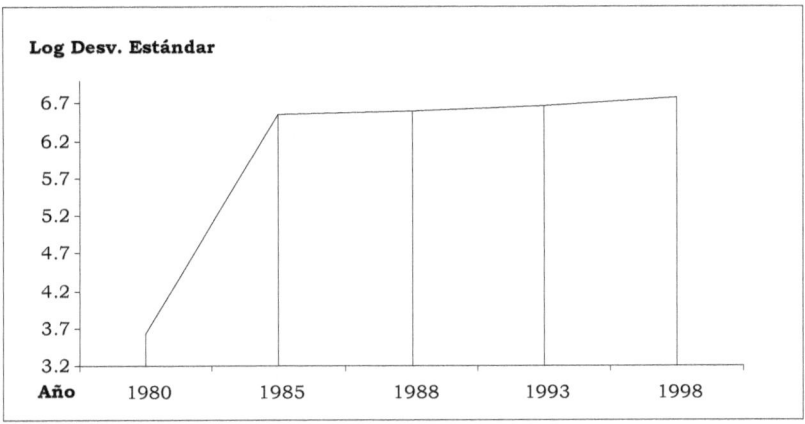

Fuente: Elaboración propia.

El gráfico anterior presenta tendencia similar a la región frontera; dado que la generación de valor agregado en las ciudades de la región norte, se va incrementando de periodo en periodo, excepto Ciudad Victoria, ya que en el periodo de pre apertura 1985-1988 disminuye su participación con respecto a 1980, pero se incrementa en los siguientes años.

En la tercera regionalización (centro norte) las ciudades de León, Querétaro y San Luís Potosí se presentan superiores al promedio a lo largo del periodo; Aguascalientes y Celaya en 1985-1998; Durango y Tepic sólo son superiores a la media en 1980. Los resultados se muestran a continuación.

Cuadro 3.2.3 Valor agregado en las ciudades de la región centro norte

Ciudades	Periodos				
	1980	1985	1988	1993	1998
Aguascalientes	320,711	571,546	802,808	1,928,653	3,353,959
Celaya	117,978	680,218	1,135,869	1,367,517	1,662,272
Culiacán	486,581	340,937	253,509	444,795	456,409
Durango	220,464	204,872	239,097	374,104	600,519
Irapuato	223,116	217,533	327,369	502,538	820,985
La Paz	225,710	92,699	64,741	95,401	112,983
León	87,685	789,425	1,234,237	2,283,051	2,501,006
Los Mochis	292,688	231,833	119,601	244,241	323,849
Mazatlán	580,998	233,075	143,051	410,594	576,040
Querétaro	116,23	1,785,017	1,981,147	2,437,097	4,782,514
San Luis	387,802	1,684,779	2,401,136	3,228,670	4,534,443
Tepic	509,471	162,266	194,106	421,938	443,020
Zacatecas	615,736	17,473	16,906	76,408	100,522

Miles de pesos de 1993.
Fuente: Elaboración propia con información de los Censos Industriales.

Las ciudades con un perfil industrial marcado, son las que mejoran su participación en el valor agregado de 1980 a 1998; dichas ciudades son: Aguascalientes, Celaya, Irapuato, León, Querétaro, y San Luís Potosí. Las ciudades que si bien incrementan su participación no es tan notable como las anteriores, son: Culiacán y Los Mochis. Otras por el contrario disminuyen la generación de valor agregado como La Paz, Mazatlán y Zacatecas. La gráfica de la región se presenta a continuación, la tendencia mostrada en esta región es similar a las dos regiones anteriores.

Gráfica 3.9.3 Tendencia del valor agregado en la industria, región centro norte

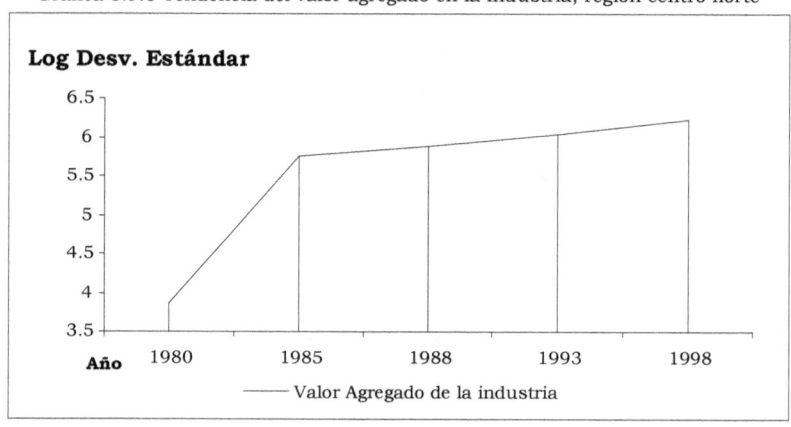

Fuente: Elaboración propia.

En la región centro sur las ciudades de Guadalajara, Ciudad de México, Puebla y Toluca son superiores a la media desde 1980 a 1998; Minatitlán en 1985, Coatzacoalcos en 1993 y Cuernavaca de 1988 a 1993. El cuadro de resultados se muestra a continuación.

Cuadro 3.2.4 Valor agregado en las ciudades de la región centro sur

Ciudades	1980	1985	Periodos 1988	1993	1998
Acapulco	30,383	80,003	135,794	306,139	211,348
Campeche	52,175	68,083	51,657	102,246	79,850
Cancún	37,621	30,531	54,179	151,427	129,338
Cd. de México	1,144,712	36,927,731	46,585,850	60,487,761	53,501,469
Coatzacoalcos	3,332,257	1,996,306	1,609,729	4,083,080	3,108,741
Colima	41,826	79,813	37,956	82,626	66,067
Córdoba	192,991	79,175	283,160	214,237	308,675
Cuautla	50,721	61,494	71,174	183,224	263,621
Cuernavaca	977,302	1,403,319	4,138,453	3,889,496	2,826,13
Guadalajara	850,617	6,603,003	7,189,132	12,499,992	14,371,356
Mérida	721,580	540,514	796,292	1,370,887	1,403,682
Minatitlán	581,705	3,205,482	1,062,532	2,742,273	662,965
Morelia	303,855	137,220	204,139	622,417	375,553
Oaxaca	62,136	62,719	145,636	220,315	132,228
Orizaba	241,482	559,023	1,137,112	1,441,693	1,313,057
Pachuca	123,076	114,726	107,445	321,148	249,788
Poza Rica	71,515	38,380	393,466	438,190	418,380
Puebla	875,859	3,782,738	3,186,089	3,879,983	6,517,276
Pto. Vallarta	7,959	16,249	44,228	26,110	45,190
Tapachula	19,928	19,629	78,034	77,957	160,382
Tehuacán	54,921	124,386	208,464	439,106	532,347
Tlaxcala	244,528	124,420	139,508	282,188	352,036
Toluca	1,289,905	2,541,133	3,858,844	6,404,969	7,661,631
Tuxtla	11,412	36,638	170,320	173,346	275,216
Uruapan	36,327	125,490	179,929	169,994	216,882
Veracruz	2,454,300	1,337,857	830,211	824,699	1,471,237
Villahermosa	75,280	221,311	186,388	807,285	1,443,939
Xalapa	76,915	74,414	211,132	485,428	422,629
Zamora	56,145	158,092	128,484	208,732	288,221

Miles de pesos de 1993.
Fuente: Elaboración propia con información de los Censos Industriales.

El dato más importante es que con la excepción de Veracruz, el resto de las ciudades en la región centro sur incrementa su valor agregado en el periodo 1980 a 1998. Se presenta ahora una gráfica que muestra la tendencia del valor agregado industrial en la región.

Gráfica 3.9.4 Tendencia del valor agregado en la industria, en la región centro sur

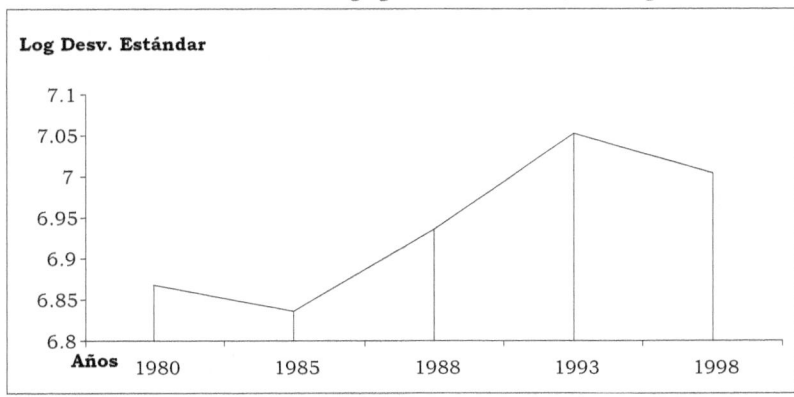

Fuente: Elaboración propia.

A diferencia de las regiones anteriores, en la presente se muestra menor dispersión a partir de 1980-985; en la apertura 1985-1988 la tendencia del valor agregado es mayor lo cual significa que la generación de valor agregado se está concentrando en la región norte del país; es decir, después de la apertura las ciudades del norte están generando mayor valor agregado que las del sur, lo cual habla de una recomposición de la industria nacional y de una redistribución de los patrones territoriales de especialización.

Acompañando al valor agregado se tiene a la productividad de las industrias, en lo siguiente comprobaremos si la línea de tendencia es igual en ambas variables, tanto en las regiones como al interior de las ciudades. El cuadro siguiente muestra el valor promedio de productividad en las cuatro regiones.

Cuadro 3.3 Productividad regional promedio por trabajador

Región	Periodos				
	1980	1985	1988	1993	1998
Frontera	19,340	32,993	29,516	41,790	39,291
Norte	39,384	47,090	58,255	53,019	64,461
Centro Norte	28,913	29,799	32,043	40,772	46,259
Centro Sur	35,666	37,043	46,454	67,780	53,300

Miles de pesos de 1993.
Fuente: Elaboración propia con información de los Censos Industriales.

Es notable que la productividad por trabajador se incrementara en todas las regiones de 1980 a 1998. Sin embargo, la región norte fue más productiva que el resto en los periodos de 1980 a 1988 y en 1998; sólo en 1993 la región de mayor productividad fue la centro sur. Con el objetivo de comprobar que la tendencia de esta variable se mantiene en los niveles que se presentaron anteriormente, se construyó la siguiente gráfica.

Gráfica 3.10 Tendencia de la productividad en la industria, por regiones.

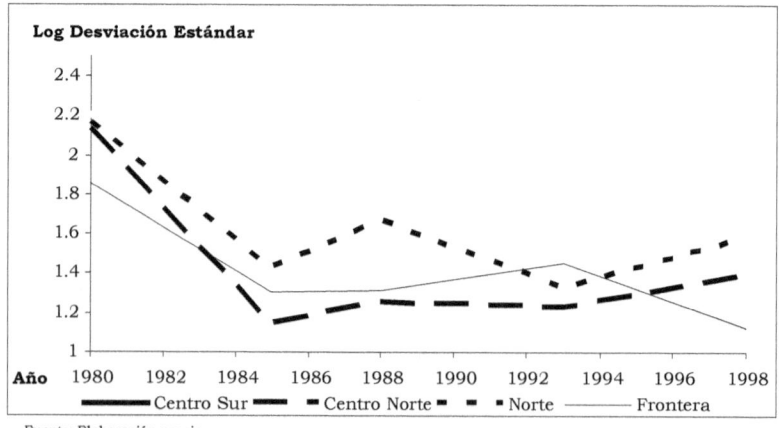

Fuente: Elaboración propia.

A diferencia del cuadro anterior, la tendencia de la productividad diverge entre las regiones, aun y cuando en el periodo de 1980 a 1985 todas las regiones tienden a converger en productividad; se muestra una marcada diferencia en dos sentidos: por un lado la región frontera y la norte, presentan un patrón similar en la tendencia a partir del periodo 1985 hasta 1998; por otro lado, las otras dos regiones también muestran comportamientos similares entre ellas a lo largo del periodo.

Por ello, es importante observar las tendencias en cada región por separado, a fin de conocer aquellas ciudades que son más productivas, además de marcar las diferencias en los patrones de comportamiento entre las regiones de estudio. Así pues, el cuadro siguiente muestra las ciudades correspondientes a la primera regionalización.

Cuadro 3.3.1 Productividad por trabajador, en la región fronteriza

Ciudades	Periodos				
	1980	1985	1988	1993	1998
Ciudad Juárez	17,090	19,862	21,043	24,855	26,013
Matamoros	18,171	39,803	28,570	36,387	43,463
Mexicali	30,753	32,795	25,718	35,669	48,784
Nogales	16,757	17,864	18,400	21,273	24,399
Nuevo Laredo	16,772	15,037	20,386	34,067	28,571
Reynosa	7,522	48,761	23,931	24,846	33,223
Tampico	27,596	72,449	79,917	108,879	61,772
Tijuana	20,059	17,371	18,166	48,344	48,099

Miles de pesos de 1993.
Fuente: Elaboración propia con información de los Censos Industriales.

La ciudad más productiva en 1980 fue Mexicali; sin embargo, de 1985 a 1993 Tampico se muestra como la más productiva del periodo, de hecho presenta superioridad respecto a la media, las otras siete ciudades no presentan constancia entre periodos. La gráfica siguiente muestra la tendencia de la variable para la región.

Gráfica 3.10.1 Tendencia de la productividad en la industria, región frontera.

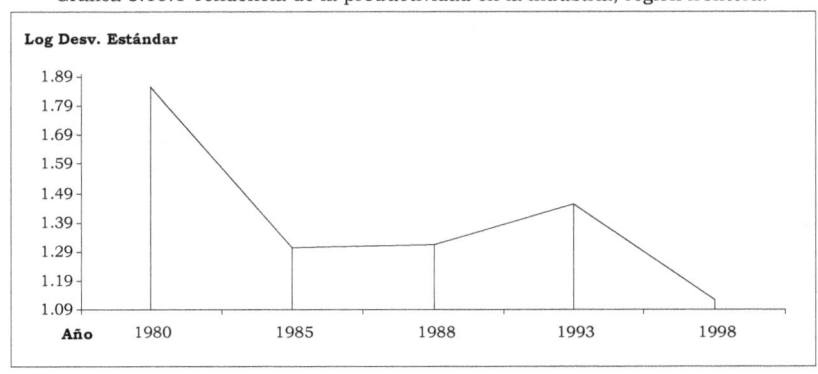

Fuente: Elaboración propia.

En la región de la frontera se observa menor dispersión de la productividad en 1980-1985, un periodo de estabilidad de 1985-1988 seguido de una mayor dispersión en el de apertura (1988-1993), éste último es importante sobre todo porque representa convergencia en la productividad posterior a la apertura, lo cual además significa aumento de competitividad en los mercados.

En la región norte las ciudades de Saltillo y Monterrey son superiores a la media a lo largo del periodo, Ensenada se presenta superior en 1980-1985, Torreón sólo en 1980 y Monclova en 1980-1988. Los resultados se presentan en el siguiente cuadro.

Cuadro 3.3.2 Productividad por trabajador, región norte

Ciudades	Periodos				
	1980	1985	1988	1993	1998
Chihuahua	26,326	21,231	46,608	36,083	45,664
Ciudad Obregón	38,180	30,441	42,222	41,303	46,192
Ciudad Victoria	12,163	7,733	8,555	22,133	13,188
Ensenada	52,083	55,688	46,707	45,386	29,996
Hermosillo	27,943	44,350	51,512	88,692	101,480
Monclova	57,438	81,457	61,314	44,928	123,150
Monterrey	45,436	62,562	64,713	66,565	66,019
Saltillo	42,082	86,420	174,618	79,598	110,680
Torreón	52,808	33,928	28,045	52,482	43,780

Miles de pesos de 1993.
Fuente: Elaboración propia con información de los Censos Industriales.

La ciudad más productiva en 1980 era Monclova, para 1985 y 1988 Saltillo se posiciona en el primer lugar en productividad, en 1993 Hermosillo se convierte en la ciudad más productiva de la región norte y en 1998 regresa Monclova.

Es interesante resaltar que en esta región además de las ciudades anteriores, también se encuentra Monterrey, dicha ciudad es superior a la media regional a lo largo del periodo; pero no obtiene la mayor productividad de la región.

Como se puede observar en el gráfico a continuación, la tendencia presenta una forma semejante a una "w" lo cual significa que la productividad en la región es discontinua. Es decir, en el periodo 1980-1985 y 1988-1993 la dispersión de la variable es menor; no así en 1985-1988 y 1993-1998, en donde se muestra una dispersión mayor de la productividad; sin embargo, para el periodo de post-apertura comercial, no se alcanza el mismo nivel que en el periodo inicial.

Gráfica 3.10.2 Tendencia de la productividad en la industria, región norte

Log Desv. Estándar

[Gráfica con eje Y de 0 a 2.5, eje X con años 1980, 1985, 1988, 1993, 1998]

Fuente: Elaboración propia.

En la región centro norte las ciudades de Querétaro y San Luís Potosí son superiores a la media en la variable en cuestión; Durango sólo en 1980 al igual que Los Mochis, Aguascalientes en 1993-1998, Culiacán en 1985, Celaya en 1985-1998, Mazatlán en 1980-1985 y 1993-1998, Tepic en 1980 y 1993-1998. En el siguiente cuadro se especifican los resultados para las ciudades de la región.

Cuadro 3.3.3 Productividad por trabajador, en la región centro norte

Ciudades	Periodos				
	1980	1985	1988	1993	1998
Aguascalientes	20,354	20,405	24,245	43,174	52,586
Celaya	28,815	44,141	60,966	61,945	60,048
Culiacán	25,195	32,719	31,586	26,806	32,161
Durango	33,296	14,171	17,108	26,681	29,427
Irapuato	18,705	21,093	29,567	27,159	34,752
La Paz	20,030	29,758	23,942	22,431	22,551
León	18,276	14,134	20,715	27,407	20,433
Los Mochis	30,903	26,326	19,356	35,650	35,090
Mazatlán	30,537	35,497	23,609	45,871	65,377
Querétaro	49,145	58,053	62,003	70,489	97,463
San Luís	35,186	49,450	62,719	64,943	81,169
Tepic	58,585	28,760	30,225	53,811	54,680
Zacatecas	6,848	12,886	10,514	23,663	15,635

Miles de pesos de 1993.
Fuente: Elaboración propia con información de los Censos Industriales.

Tepic fue la ciudad más productiva en 1980; San Luís Potosí en 1988; Querétaro en 1985, 1993 y 1998. Ante tales resultados se espera que la gráfica representativa de la región se muestre más lineal que la anterior, ya que una ciudad tiende a concentrar la productividad de la región.

Gráfica 3.10.3 Tendencia de la productividad en la industria, región centro norte

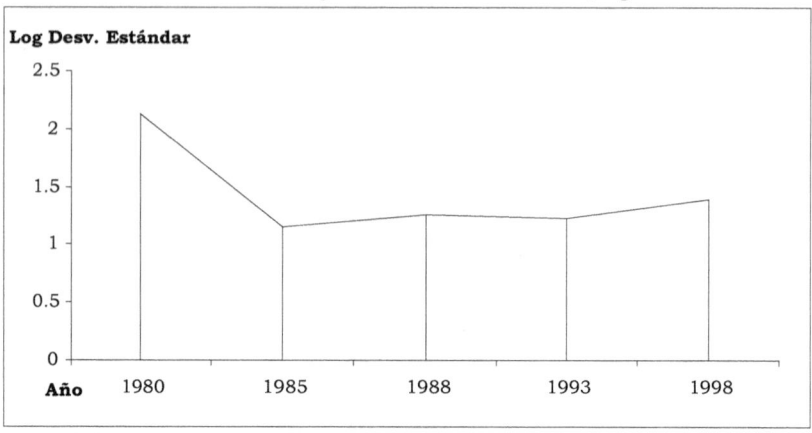

Fuente: Elaboración propia.

El resultado de la línea de tendencia es el esperado, a partir del periodo inicial la tendencia de la variable es decreciente, se muestra constante en los periodos de apertura y se vuelve creciente en el de post apertura (1993-1998).

En la región centro sur las ciudades que presentan constancia a lo largo del periodo son Ciudad de México, Coatzacoalcos, Cuernavaca y Toluca; el resto no presentan constancia entre periodos. El cuadro siguiente muestra los resultados para las ciudades que componen la región; posteriormente se muestra el gráfico correspondiente a la variable en la región.

Cuadro 3.3.4 Productividad por trabajador, en la región centro sur

Ciudades	Periodos				
	1980	1985	1988	1993	1998
Acapulco	29,131	21,471	33,096	48,393	32,992
Campeche	17,338	20,323	15,206	21,029	18,863
Cancún	19,788	15,373	30,420	40,028	27,507
Cd. de México	44,005	43,599	57,761	71,801	60,617
Coatzacoalcos	87,394	133,336	101,266	331,849	172,468
Colima	19,434	28,617	18,416	22,643	17,798
Córdoba	33,003	14,033	45,612	29,489	37,962
Cuautla	19,970	15,890	26,449	37,669	45,132
Cuernavaca	51,269	69,522	184,843	137,195	98,715
Guadalajara	35,189	46,857	48,373	70,552	55,733
Mérida	25,859	25,592	33,958	37,451	31,678
Minatitlán	31,099	169,970	69,324	292,758	57,931
Morelia	27,994	17,016	21,158	44,836	24,402
Oaxaca	30,368	19,441	23,301	25,251	13,023
Orizaba	57,403	33,306	73,305	110,925	87,246
Pachuca	23,770	20,634	30,786	47,997	20,983
Poza Rica	57,041	6,523	58,999	63,487	55,933
Puebla	46,199	51,938	43,558	40,676	55,738
Pto. Vallarta	14,683	12,704	65,329	19,326	18,604
Tapachula	35,141	12,139	40,079	22,609	47,975
Tehuacán	24,598	16,160	23,211	28,619	18,697

Tlaxcala	25,678	17,418	19,319	27,589	26,754
Toluca	59,165	49,563	79,655	106,469	103,925
Tuxtla Gutiérrez	35,608	10,858	39,172	24,809	38,768
Uruapan	20,504	32,309	39,878	28,098	29,572
Veracruz	55,110	72,183	46,706	61,729	115,545
Villahermosa	31,407	48,111	25,609	79,355	148,339
Xalapa	48,078	14,396	33,072	64,680	46,565
Zamora	28,074	34,960	19,297	28,314	36,245

Miles de pesos de 1993.
Fuente: Elaboración propia con información de los Censos Industriales.

Gráfica 3.10.4 Tendencia de la productividad en la industria, región centro sur

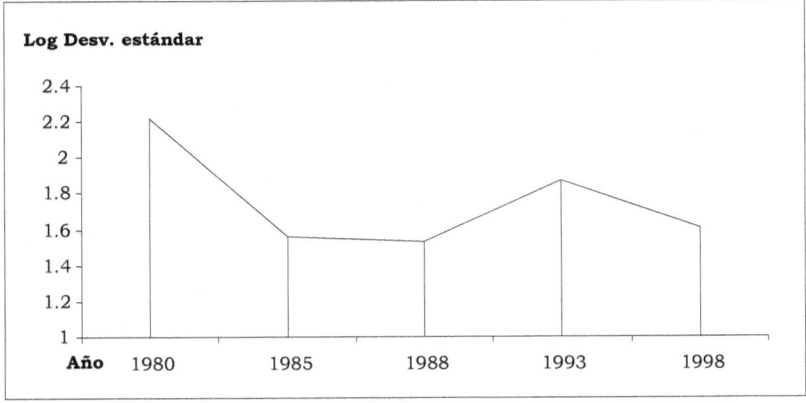

Fuente: Elaboración propia.

Es importante resaltar que en el periodo de pre apertura 1980-1985 la productividad de la industria en la región observó una tendencia decreciente; en el de apertura 1985-1988 la productividad se mantiene constante; es decir, se inicia la convergencia de dicha variable en la región. Sin embargo, en el siguiente periodo 1988-1993 la dispersión se incrementó y para el último (1993-1998), se vuelve a la tendencia de 1980.

En muchos de los artículos citados en el desarrollo de la investigación se encuentra que los salarios cuentan con especial influencia en el proceso de localización industrial acompañados de la productividad considerada por las empresas como ventaja territorial; así que en lo siguiente se revisa si los salarios se corresponden con la misma tendencia que la productividad de las regiones y las ciudades, así como sí es verdad que los salarios más bajos caracterizan la zona fronteriza del país. En el cuadro siguiente se muestran los salarios reales promedio para las cuatro regiones en estudio.

Cuadro 3.4 Salarios promedio regionales por trabajador

Región	Periodos				
	1980	1985	1988	1993	1998
Frontera	14,009	16,567	14,828	21,968	20,231
Norte	17,017	16,685	15,893	22,503	17,089
Centro Norte	11,695	13,725	11,124	17,165	14,277
Centro Sur	14,548	15,493	13,134	18,427	15,444

Miles de pesos de 1993.
Fuente: Elaboración propia con información de los Censos Industriales.

Con los datos presentados en el cuadro anterior, se rechaza la hipótesis que señala a la zona fronteriza como la peor remunerada; pues en 1980 dicha zona se encontraba a la par de la región centro sur y la región norte era la que mejor salarios remuneraba en ese año. Para 1985 los salarios de la frontera y los de la región norte se remuneraban de la misma manera (tendencia que sigue en 1993); no así para 1988 en donde las mejores remuneraciones eran sólo en la región norte.

Al observar la siguiente gráfica se muestra una vez más que la agregación de los datos sesga la tendencia de las variables en el largo plazo; la región norte y centro norte muestran tendencia similar a lo largo del periodo, al igual que la región fronteriza y la centro sur. Sin embargo, en ésta última la divergencia de los salarios es mayor que la presentada en las ciudades de la frontera.

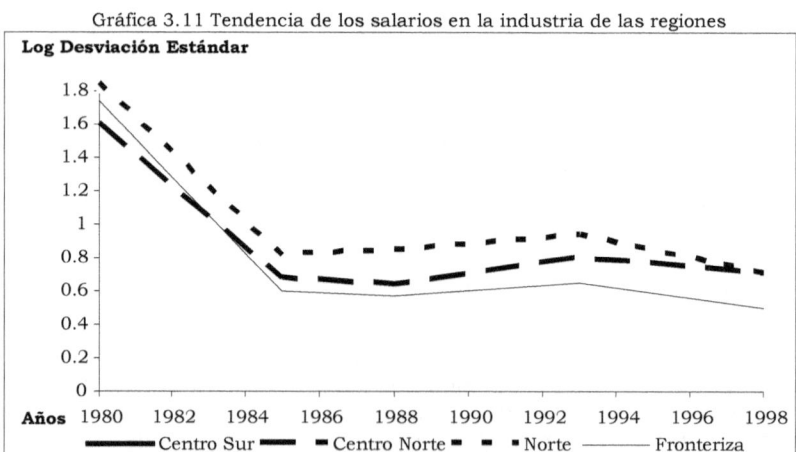

Gráfica 3.11 Tendencia de los salarios en la industria de las regiones

Fuente: Elaboración propia.

Para obtener una mejor estimación de los resultados y comprobar que la región de la frontera no es la peor remunerada a lo largo del tiempo, se ha construido el siguiente cuadro.

Cuadro 3.4.1 Salarios por trabajador, región frontera

Ciudades	Periodos				
	1980	1985	1988	1993	1998
Ciudad Juárez	12,565	14,782	13,900	17,638	16,975
Matamoros	12,552	15,486	15,348	24,515	20,144
Mexicali	15,182	15,614	14,245	21,721	22,192
Nogales	12,844	14,669	13,683	17,400	19,055
Nuevo Laredo	11,036	12,493	11,107	20,928	22,257
Reynosa	8,729	14,115	12,405	18,372	17,452
Tampico	26,714	24,214	23,538	30,261	26,170
Tijuana	12,454	21,165	14,399	24,906	17,601

Miles de pesos de 1993.
Fuente: Elaboración propia con información de los Censos Industriales.

Al igual que con la productividad, Tampico es la ciudad que presenta mejores remuneraciones a lo largo del periodo; por tanto, se comprueba que los trabajadores más productivos son los mejor remunerados. En la gráfica siguiente se observa la tendencia de los salarios.

Gráfica 3.11.1 Tendencia de los salarios en la industria, en la región fronteriza

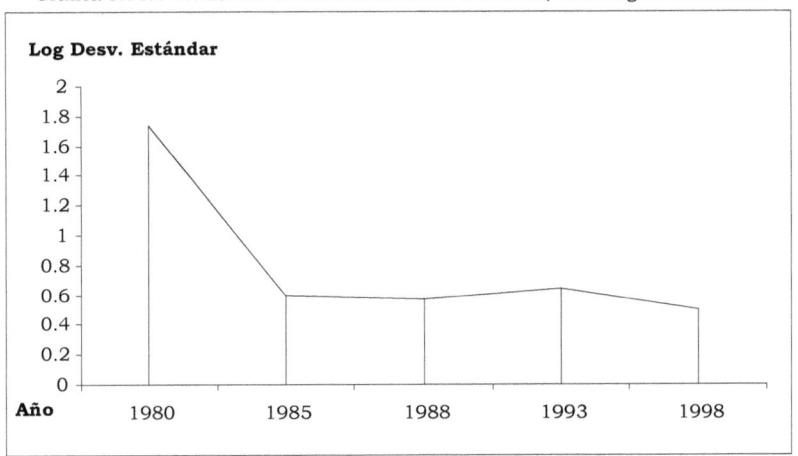

Fuente: Elaboración propia.

La tendencia negativa de 1980 a 1988 muestra que los salarios reales en dicha región tienden hacia la convergencia, lo cual se puede probar observando el cuadro anterior. En 1988-1993 la dispersión de los salarios tiene a aumentar ligeramente; en el periodo de post apertura vuelve a converger.

Cuadro 3.4.2 Salarios por trabajador, región norte

Ciudades	Periodos				
	1980	1985	1988	1993	1998
Chihuahua	13,748	13,553	14,859	20,822	18,212
Cd. Obregón	12,846	12,440	13,677	16,039	16,762
Ciudad Victoria	6,138	7,455	5,632	12,175	8,121
Ensenada	19,357	15,731	13,139	18,779	13,587
Hermosillo	15,870	16,000	18,826	24,378	18,327
Monclova	29,815	30,064	31,144	41,549	24,097
Monterrey	22,161	22,251	18,411	27,962	21,741
Saltillo	21,955	20,018	16,992	24,820	21,127
Torreón	11,266	12,652	10,355	16,002	11,823

Miles de pesos de 1993.
Fuente: Elaboración propia con información de los Censos Industriales.

Las ciudades de Monterrey, Saltillo y Monclova son las únicas que se muestran superiores a la media salarial en todo el periodo el resto es discontinuo. Destaca que Monclova se encuentra más productiva en 1980 y en 1998 y además es la ciudad mejor remunerada de la región norte a lo largo del periodo. La tendencia de los salarios en la industria manufacturera se presenta en la gráfica siguiente.

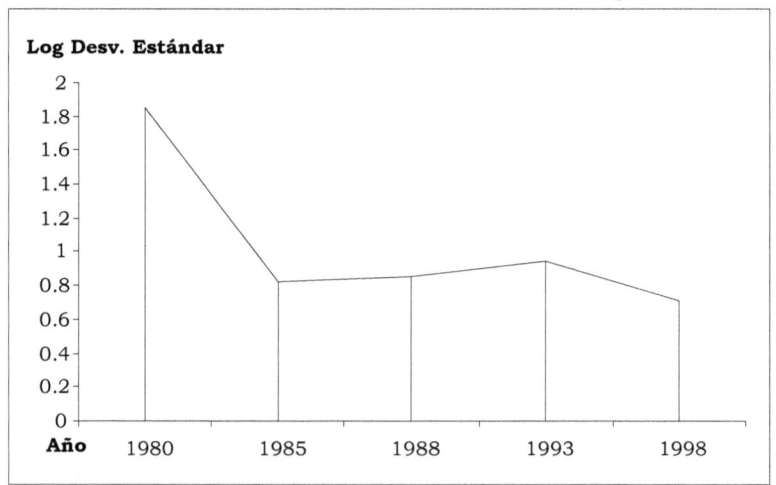

Gráfica 3.11.2 Tendencia de los salarios en la industria, región norte

Fuente: Elaboración propia.

Para el periodo de pre apertura 1980-1985, los salarios tienden hacia la convergencia; de 1985 a 1993 la tendencia se muestra similar a las ciudades fronterizas, en el periodo 1993 a 1998, vuelve a su tendencia inicial. En la región centro norte las remuneraciones se presentan de la siguiente forma.

Cuadro 3.4.3 Salarios por trabajador, región centro norte

Ciudades	Periodos				
	1980	1985	1988	1993	1998
Aguascalientes	9,485	12,508	10,995	19,305	16,163
Celaya	10,099	15,870	15,667	20,869	17,018
Culiacán	13,616	12,063	9,082	14,224	11,508
Durango	11,028	10,787	8,344	13,041	10,736
Irapuato	10,791	10,381	9,007	13,016	10,885
La Paz	11,089	19,686	7,949	10,950	11,207
León	9,258	9,865	8,171	15,227	9,224
Los Mochis	10,372	12,746	10,719	17,411	14,501
Mazatlán	13,316	15,358	11,836	17,472	14,979
Querétaro	21,288	25,008	21,916	34,353	27,785
San Luis	13,538	15,680	14,844	22,085	19,349
Tepic	14,937	12,443	11,288	15,526	13,894
Zacatecas	3,219	6,029	4,796	9,666	8,359

Miles de pesos de 1993.
Fuente: Elaboración propia con información de los Censos Industriales.

Querétaro es la ciudad mejor remunerada a lo largo del periodo, lo cual se corresponde con los datos de productividad. Sin embargo León, Celaya e Irapuato, reciben salarios iguales a las ciudades cuya productividad en el periodo se muestra constante y no creciente, por lo que se puede deducir que no siempre se cumple la condición que dicta, a mayor productividad mejor remuneración, pues depende de las ramas en las que especialice la industria en la ciudad.

Esto da pie a otra deducción; no siempre la ciudad más especializada es la mejor remunerada; sin embargo, sí es más productiva que aquella cuya especialización no se encuentra definida claramente. Los Mochis y Culiacán, son dos ciudades representativas de la conclusión anterior.

Gráfica 3.11.3 Tendencia de los salarios en la industria, región centro norte

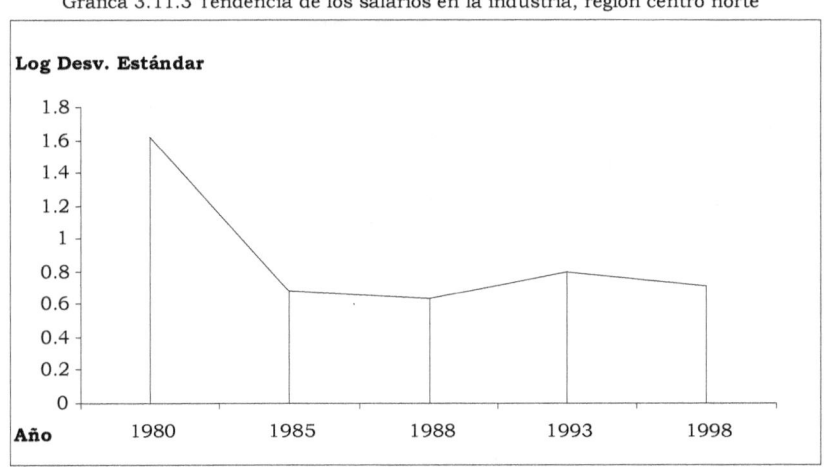

Fuente: Elaboración propia.

Sí bien la tendencia entre los periodos es similar a las dos regiones anteriores, en el centro norte el logaritmo de la desviación estándar en los periodos es menor. Las ciudades que muestran superioridad en la media salarial a lo largo del periodo son Mazatlán, Querétaro y San Luís Potosí; Celaya en 1985-1998, Aguascalientes y Los Mochis en 1993-1998.

Cuadro 3.4.4 Salarios por trabajador, región centro sur

Ciudades	Periodos				
	1980	1985	1988	1993	1998
Acapulco	13,080	12,522	9,197	12,857	9,472
Campeche	8,299	10,164	7,606	11,878	10,039
Cancún	8,580	8,555	8,804	14,568	7,609
Cd. de México	19,102	21,264	17,489	27,304	23,092
Coatzacoalcos	28,488	26,649	30,422	47,837	43,822
Colima	7,930	16,532	7,247	9,122	8,205
Córdoba	13,896	11,553	9,724	15,241	11,353
Cuautla	9,348	11,067	9,671	13,566	10,845
Cuernavaca	21,966	20,123	21,736	29,989	23,495
Guadalajara	15,218	20,524	14,104	22,364	18,398
Mérida	11,384	12,495	9,586	12,625	10,728
Minatitlán	30,803	21,240	27,684	46,632	36,805
Morelia	10,894	11,613	8,136	13,990	9,475
Oaxaca	13,651	10,020	6,151	7,595	5,652
Orizaba	18,432	22,710	21,306	29,091	22,948
Pachuca	11,438	12,965	8,621	12,857	9,959
Poza Rica	25,548	16,399	17,026	19,541	20,796
Puebla	18,905	18,457	17,273	20,898	19,045
Puerto Vallarta	7,114	6,203	7,324	6,707	6,430
Tapachula	10,298	6,752	7,326	10,562	8,821
Tehuacán	10,051	10,228	9,667	11,520	9,213
Tlaxcala	11,335	12,810	11,398	14,649	10,959
Toluca	21,365	48,840	20,332	31,719	23,682
Tuxtla Gutiérrez	9,189	9,810	7,599	8,620	7,794
Uruapan	8,294	7,563	7,665	11,206	8,116
Veracruz	25,140	24,550	18,808	23,347	28,500
Villahermosa	12,556	19,270	16,754	22,657	20,509
Xalapa	11,651	13,004	15,518	14,168	9,047
Zamora	7,947	5,420	6,713	11,270	13,054

Miles de pesos de 1993.
Fuente: Elaboración propia con información de los Censos Industriales.

Se muestra una tendencia convergente en las ciudades de Veracruz, Minatitlán, Coatzacoalcos, y Poza Rica. En el resto de ciudades la tendencia varia de periodo en periodo, e incluso en Puerto Vallarta, Cancún, Oaxaca y Tuxtla Gutiérrez el salario real disminuye en 1998 con respecto a 1980. La gráfica siguiente muestra la tendencia de las remuneraciones en la región.

Gráfica 3.11.4 Tendencia de los salarios en la industria, región centro sur

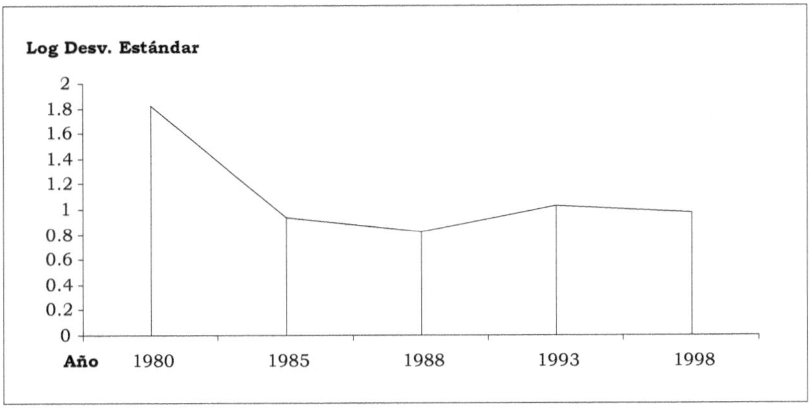

Log Desv. Estándar

[Gráfica de líneas: valores aproximados — 1980: 1.8; 1985: 0.95; 1988: 0.9; 1993: 1.0; 1998: 1.0]

Fuente: Elaboración propia.

Las ciudades que se muestran superiores a la media salarial a lo largo del periodo son Ciudad de México, Coatzacoalcos, Cuernavaca, Guadalajara, Minatitlán, Orizaba, Poza Rica, Puebla, Toluca y Veracruz; Villahermosa se presenta superior en 1985-1998. Es notable que en todas las regiones la tendencia de los salarios se presente de manera similar; sin embargo, en la región centro sur la dispersión es menor en términos reales comparada con el resto de regiones.

La última variable por analizar en el apartado es la de empleo en la industria, con el fin de observar aquellas regiones y sus respectivas ciudades, en las que las industrias son intensivas en mano de obra, además de identificar las ciudades en donde la industria realiza su producción con base en bienes de capital. Los resultados del cuadro siguiente muestran el empleo promedio de la industria en cada región.

Cuadro 3.5 Empleo regional promedio en la industria

Región	Periodos				
	1980	1985	1988	1993	1998
Frontera	16,690	21,811	31,025	40,277	64,482
Norte	28,305	36,188	41,039	49,209	66,441
Centro Norte	11,367	17,290	18,277	24,198	31,892
Centro Sur	43,230	45,029	44,186	49,087	56,133

Fuente: Elaboración propia en base a los Censos Industriales.

Después de la región centro sur, la región norte es la que mayor empleo ocupaba desde 1980 hasta 1988. En el periodo de apertura (1993) el personal ocupado en la industria manufacturera es similar en ambas regiones, para dicho periodo la región fronteriza comenzaba a capturar empleo (sólo 10,000 empleos menos que las regiones anteriores). Sin embargo, en la post apertura (1998) las dos regiones del norte ocupan mayor proporción del empleo, que las regiones situadas al sur. En la siguiente gráfica se presenta la tendencia de dicha variable en las cuatro regiones de estudio.

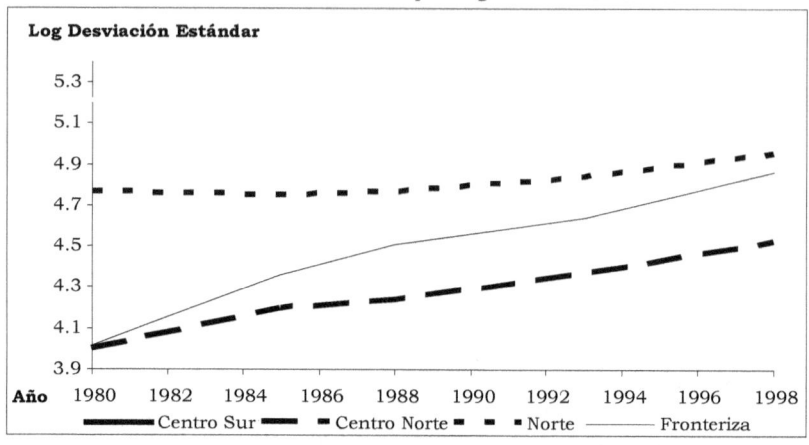

Gráfica 3.12 Tendencia del empleo regional en la industria

Fuente: Elaboración propia.

La región centro sur nunca perdió empleo a lo largo del periodo, se observa una tendencia constante; las regiones del norte y centro norte, presentan tendencia similar. A pesar de que la tendencia entre las regiones es parecida, se puede observar que el empleo a lo largo del periodo se muestra disperso, lo que se traduce en una pérdida de empleo en la industria manufacturera nacional. Obsérvese además, como en la región frontera la dispersión del empleo sigue una tendencia ascendente.

A continuación se revisan las estadísticas del empleo en cada una de las ciudades correspondientes a las cuatro regiones de estudio. En el cuadro siguiente se muestra el empleo en las ciudades de la región fronteriza.

Cuadro 3.5.1 Empleo en las ciudades de la región frontera

Ciudades	Periodos				
	1980	1985	1988	1993	1998
Ciudad Juárez	39,428	75,664	108,172	143,723	240,782
Matamoros	16,076	24,914	35,951	41,620	59,592
Mexicali	14,304	20,609	24,562	33,750	61,375
Nogales	12,382	15,042	20,461	18,588	30,450
Nuevo Laredo	3,334	5,629	12,368	18,190	24,964
Reynosa	14,634	12,786	25,412	39,720	59,068
Tampico	13,896	17,726	17,087	17,805	20,804
Tijuana	19,462	2,119	4,188	8,819	18,818

Fuente: Elaboración propia en base a los Censos Industriales.

En la región frontera, la ciudad que presenta superioridad a la media en el empleo en todo el periodo es Ciudad Juárez, Matamoros se muestra superior en 1985-1993 y Tijuana sólo en 1980. Las cifras ponen en evidencia la presencia de una alta rotación de personal en las ciudades de la frontera, si fuera de otra forma habría constancia en la media del empleo a lo largo del periodo o al menos en alguno de ellos.

Gráfica 3.12.1 Tendencia del empleo en la industria, región frontera

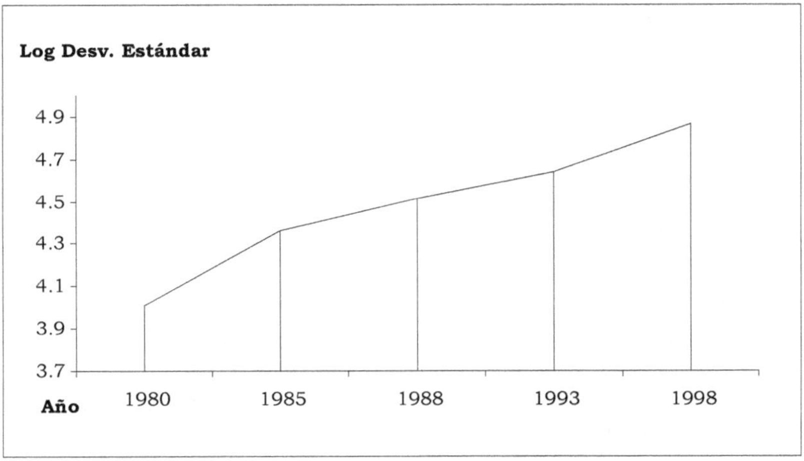

Log Desv. Estándar

Fuente: Elaboración propia.

Cuadro 3.5.2 Empleo en las ciudades de la región norte

Ciudades	Periodos				
	1980	1985	1988	1993	1998
Chihuahua	12,069	28,860	42,338	50,772	65,479
Ciudad Obregón	6,031	8,767	8,798	12,430	15,578
Ciudad Victoria	476	1,925	2,232	5,573	7,452
Ensenada	6,847	7,706	8,719	10,904	21,775
Hermosillo	7,408	9,683	11,294	20,441	31,795
Monclova	14,736	27,941	28,855	18,834	24,230
Monterrey	183,010	183,778	191,549	227,673	296,486
Saltillo	13,346	26,609	33,330	42,982	55,380
Torreón	10,820	30,423	42,233	53,271	79,791

Fuente: Elaboración propia en base a los Censos Industriales.

Monterrey es la ciudad del norte que mayor captación de empleo presenta a lo largo del periodo. Sin embargo, es importante resaltar que ciudades como Torreón, Saltillo, Hermosillo, Monclova y Ensenada, cuentan con industrias cuya producción es intensiva en bienes de capital, y por tanto el empleo en dichas industrias no es mayor que el capturado por las empresas intensivas en mano de obra, como las de la frontera por ejemplo. A continuación se muestra la gráfica de la tendencia del empleo en la región norte.

Gráfica 3.12.2 Tendencia del empleo en la industria, región norte

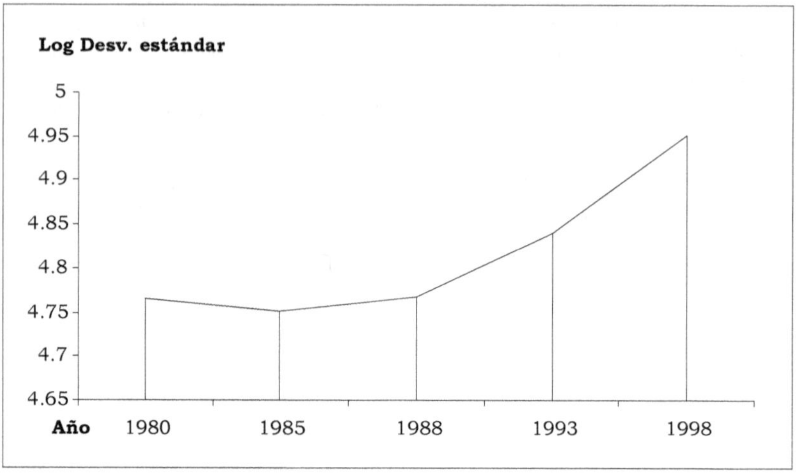

Log Desv. estándar

| Año | 1980 | 1985 | 1988 | 1993 | 1998 |

(Valores del eje: 4.65, 4.7, 4.75, 4.8, 4.85, 4.9, 4.95, 5)

Fuente: Elaboración propia.

En ésta región la línea de tendencia se presenta con forma exponencial de manera creciente, sobre todo en el periodo de apertura y post apertura en donde la pendiente es mayor que en el periodo de pre apertura.

La tendencia demuestra que la entrada de los bienes nacionales a los mercados internacionales fue un promotor de la relocalización de las actividades económicas en la zona norte del país, en donde predominantemente las empresas que se encuentran en la región son de capitales tanto nacionales como extranjeros y por lo regular son empresas de tamaño mediano y grande, como las industrias de la electrónica, automotriz y eléctricos por ejemplo. En esta región la ciudad de Monterrey es la que se muestra superior a la media del empleo a lo largo del periodo, seguida de Torreón en los periodos de post apertura 1988-1998 y por último se encuentra superior a Chihuahua en 1988-1993. También las ciudades de la zona centro norte del país muestra una tendencia del empleo creciente, el cuadro siguiente muestra los resultados.

Cuadro 3.5.3 Empleo en las ciudades de la región centro norte

Ciudades	Periodos				
	1980	1985	1988	1993	1998
Aguascalientes	15,756	28,010	33,111	44,671	63,780
Celaya	6,886	15,410	18,631	22,076	27,682
Culiacán	6,860	10,420	8,026	16,593	14,191
Durango	11,088	14,457	13,975	14,021	20,407
Irapuato	7,678	10,313	11,072	18,503	23,624
La Paz	1,391	3,115	2,704	4,253	5,010
León	33,690	55,851	59,579	83,301	122,395
Los Mochis	4,634	8,806	6,179	6,851	9,229
Mazatlán	4,551	6,566	6,059	8,951	8,811
Querétaro	27,589	30,748	31,952	34,574	49,070
San Luís Potosí	19,620	34,070	38,284	49,715	55,864
Tepic	6,394	5,642	6,422	7,841	8,102
Zacatecas	1,633	1,356	1,608	3,229	6,429

Fuente: Elaboración propia en base a los Censos Industriales.

León, Querétaro, Aguascalientes y San Luís Potosí, capturan la mayor proporción del empleo a lo largo del periodo; lo cual se corresponde con los datos de productividad con la excepción de León, cuyas remuneraciones son menores que en el resto de las ciudades. La gráfica representativa de la región es la siguiente.

Gráfica 3.12.3 Tendencia del empleo en la industria, región centro norte

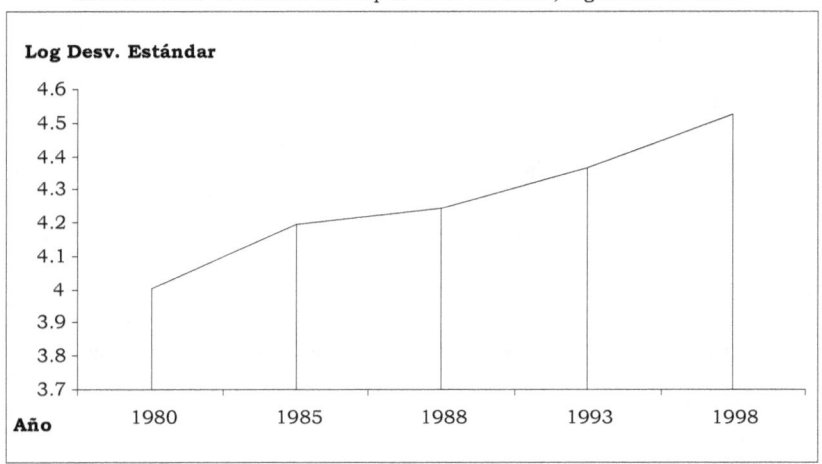

Fuente: Elaboración propia.

En ésta región las ciudades de Aguascalientes, León, Querétaro y San Luís Potosí se muestran superiores a la media a lo largo del periodo; Celaya solo muestra superioridad en 1988. Esta tendencia en las ciudades de la región demuestra la fortaleza de la industria local en donde la orientación de sus actividades económicas es generalmente para abastecer los mercados internos, excepto Querétaro en donde la industria automotriz captura la mayor proporción del empleo en la ciudad. Por último, en las ciudades de la región centro sur los resultados del análisis del empleo en la industria manufacturera son los siguientes.

Cuadro 3.5.4 Empleo en las ciudades de la región centro sur

Ciudades	Periodos				
	1980	1985	1988	1993	1998
Acapulco	3,963	3,726	4,103	6,326	6,406
Campeche	4,975	3,350	3,397	4,862	4,233
Cancún	466	1,986	1,781	3,783	4,702
Cd. de México	888,550	846,973	806,522	842,430	882,614
Coatzacoalcos	5,447	14,972	15,896	12,304	18,025
Colima	1,634	2,789	2,061	3,649	3,712
Córdoba	5,215	5,642	6,208	7,265	8,131
Cuautla	2,062	3,870	2,691	4,864	5,841
Cuernavaca	17,425	20,185	22,389	28,350	28,629
Guadalajara	120,712	140,918	148,617	177,172	257,860
Mérida	22,505	21,120	23,449	36,604	44,310
Minatitlán	11,747	18,859	15,327	9,367	11,444
Morelia	4,858	8,064	9,648	13,882	15,390
Oaxaca	3,470	3,226	6,250	8,725	10,153
Orizaba	14,985	16,784	15,512	12,997	15,050
Pachuca	4,418	5,560	3,490	6,691	11,904
Poza Rica	3,574	5,883	6,669	6,902	7,480
Puebla	58,946	72,831	73,145	95,387	116,927
Puerto Vallarta	438	1,279	677	1,351	2,429
Tapachula	793	1,617	1,947	3,448	3,343
Tehuacán	6,576	7,697	8,981	15,343	28,471
Tlaxcala	6,125	7,143	7,221	10,228	13,158
Toluca	38,841	51,270	48,444	60,158	73,722
Tuxtla Gutiérrez	2,537	3,374	4,348	6,987	7,099
Uruapan	2,543	3,884	4,512	6,050	7,334
Veracruz	10,095	18,534	17,775	13,360	12,733
Villahermosa	3,187	4,600	7,278	10,173	9,734
Xalapa	4,168	5,169	6,384	7,505	9,076
Zamora	3,402	4,522	6,658	7,372	7,952

Fuente: Elaboración propia en base a los Censos Industriales.

Es lógico que las grandes ciudades, por ser centros dinámicos de interrelación entre las actividades económicas, tales como Guadalajara, Ciudad de México, Puebla y Toluca, ocupen una mayor proporción del empleo que el resto de las ciudades. Sin embargo, el resto de la muestra regional, presenta tendencia creciente en el personal ocupado en la industria manufacturera. La tendencia del empleo se presenta a continuación.

Gráfica 3.12.4 Tendencia del empleo en la industria, región centro sur

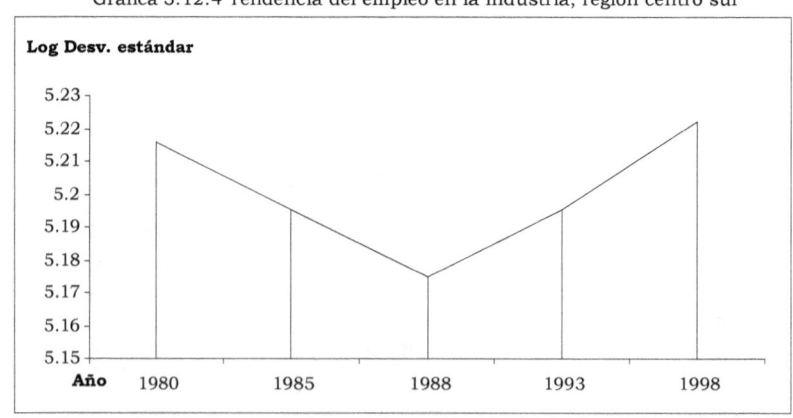

Fuente: Elaboración propia.

No es difícil determinar porque la tendencia del gráfico se presenta de tal forma; ya que las ciudades que concentran la mayor parte del empleo en la región son la Ciudad de México, Guadalajara, Toluca y Puebla, pues en 1980 éstas cuatro concentraban más del 88 por ciento, en 1985 el 85, en 1988 el 84, en 1993 el 82 y en 1998 el 81 por ciento; además dichas urbes entran en la categoría de medianas y grandes ciudades. Una característica adicional que se presenta en la región es que el empleo en la industria manufacturera va decreciendo a través del tiempo. Con esto se termina el análisis económico de los datos presentados en la muestra.

3.2 Análisis econométrico

Con las bases anteriores, es momento de comprobar si la hipótesis planteada al inicio de la investigación se cumple, realizando regresiones por el método de mínimos cuadrados ordinarios con datos de sección cruzada y mediante un modelo de panel evaluado por cuatro métodos (mínimos cuadrados ordinarios, mínimos cuadrados ponderados, efectos fijos y efectos aleatorios); esto permitirá verificar si las regiones del norte son representativas del patrón de industrialización seguido a partir de la apertura comercial. Además en el desarrollo del apartado se distinguen las posibilidades y límites del crecimiento urbano, por medio de variables conocidas como economías externas de aglomeración, economías internas y las remuneraciones medias al empleo.

3.2.1 Datos y variables

Para construir el modelo empírico que prueba la hipótesis propuesta, se construyeron siete variables independientes, identificandose como variable dependiente a la tasa relativa de crecimiento del valor agregado. Los periodos analizados en el trabajo empírico son los siguientes: 1980-1985, 1985-1988, 1988-1993 y 1993-1998. Las variables independientes son: coeficientes de localización, diversidad, diversidad externa, tamaño medio de los establecimientos, remuneraciones medias, diferencial de salarios, índice de competitividad de la industria; además se construyen cuatro variables (tipo *dummies*) que identifican las ciudades pertenecientes a cada una de las regiones de estudio, entonces cuando la ciudad pertenece a la región fronteriza por ejemplo, la variable toma el valor de uno y cero en caso de no pertenecer a la región.

Para construir los coeficientes de localización se utilizó el empleo en el año inicial de la rama de la industria en la ciudad así como el de la misma rama a nivel nacional. La diversidad se construyó a partir del indicador de empleo de la rama en la industria en la ciudad; para la construcción de la diversidad externa se usó la diversidad y se aplicó una sumatoria de las ocho ramas excluyendo a la rama que se desea conocer el grado de diversidad.

El tamaño medio de los establecimientos es el cociente de dividir el empleo entre el número de unidades económicas; al igual que las remuneraciones medias, es el cociente de dividir las remuneraciones medias entre el número de empleados de cada una de las ramas de la industria en la ciudad; para la construcción del diferencial de salarios se tomó una media de 100 pesos y se aplicó sumándose a la diferencia entre el salario de un periodo a otro. El índice de competitividad se construyó tomando la diferencia del valor agregado menos las remuneraciones medias, posteriormente se toma el cociente de dividir dicha diferencia entre el número de unidades económicas.

Es importante mencionar que a la totalidad de las variables se les aplicó logaritmos de base diez a fin de eliminar sesgos entre los datos, para correr las regresiones se utilizó el software Eviews, además las variables fueron ponderadas por la media nacional con la excepción de los coeficientes de localización, el índice de diversidad Hirschman-Herfindahl y la diversidad externa.

Con las ocho variables se hacen las regresiones correspondientes para evaluar las nueve ramas de la industria manufacturera; para evaluar a la industria en general se excluye a los coeficientes de localización dado que en el caso de la industria siempre es uno y se excluye a la diversidad externa pues éste indicador no es posible construirlo a nivel industria; en su lugar se toma a la diversidad interna.

3.2.2 Descripción del modelo empírico

El modelo que se pretende probar en la investigación es tipo Glaeser (1992) el cual en términos teóricos se describe a continuación:

$$\log\left(\frac{A_{u,t+1}}{A_{u,t}}\right) = g \text{ (especialización tipo MAR, monopolio local (tipo Porter),} \tag{1}$$

$$\text{diversidad (tipo Jacobs), condiciones iniciales, salarios)}$$

La adecuación para el modelo empírico se escribe de la siguiente forma:

$$\log\left(\frac{Vac_{ijt+1}}{Vac_{ijt}}\right) = \alpha_t + \beta_0 \log(Lq_{ijt}) + \beta_1 \log(Div_{ijt}) + \beta_2 \log(Dve_{ijt}) + \beta_3 \log(Ice_{ijt}) + ... \quad (2)$$

$$... + \beta_4 \log(Tm_{ijt}) + \beta_5 \log(Ws_{ijt}) + \beta_6 \log(Wd_{ijt}) + \beta_7 (Dr_1) + \beta_8 (Dr_2) + \beta_9 (Dr_3) + \varepsilon_{it}$$

Cuando se prueban las hipótesis para las ramas de la industria; sí el caso es probar la manufactura en general, el modelo empírico se especifica de esta manera:

$$\log\left(\frac{Vac_{ijt+1}}{Vac_{ijt}}\right) = \alpha_t + \beta_0 \log(Div_{ijt}) + \beta_1 \log(Ice_{ijt}) + \beta_2 \log(Tm_{ijt}) + \beta_3 \log(Ws_{ijt}) + ... \quad (3)$$

$$... + \beta_4 \log(Wd_{ijt}) + \beta_5 (Dr_1) + \beta_6 (Dr_2) + \beta_7 (Dr_3) + \varepsilon_{it}$$

Donde, Vac_{ijt} representa el valor agregado de la rama i en la manufactura de la ciudad j en el periodo t; Lq_{ijt} representa el coeficiente de localización que mide la especialización del empleo de la rama i en la manufactura de la ciudad j en el periodo t; Div_{ijt} es el índice de diversidad de la rama i tipo Jacobs (1969) de la ciudad j en el periodo t; Dve_{ijt} es la diversidad externa de la rama i de la ciudad j en el periodo t, estas tres variables permiten medir las economías externas de la industria en la ciudad.

Ice_{ijt} representa el índice de competitividad de la rama i de la industria de la ciudad j en el periodo t; Tm_{ijt} es el tamaño medio de los establecimientos de la rama i de la ciudad j en el periodo t, variables que miden las economías internas o de escala en la industria.

Ws_{ijt} mide las remuneraciones medias a los trabajadores de la rama i de la ciudad j en el periodo t; Wd_{ijt} es el diferencial salarial de la rama i de la ciudad j en el periodo t; las cuales se consideran como ventajas territoriales en la localización industrial.

Por último se consideran las variables dummy para expresar el espacio, en donde Dr_1 es la variable representativa de la región frontera; Dr_2 representa a la región norte y Dr_3 a la región centro norte.[3] A fin de probar que no existe correlación entre las variables citadas se presenta el siguiente cuadro:

---

[3] En el planteamiento de las variables regionales tipo *dummies* se consideraron cuatro (una por cada región); sin embargo, para correr las regresiones se corren n-1 variables de este tipo, por ello en la especificación del modelo empírico sólo se toman en cuenta tres.

Cuadro 3.6 Correlación de la variable dependiente con las independientes

Periodos	1980-1985	1985-1988	1988-1993	1993-1998
Variables	Va	Va	Va	Va
Lq	0.0965	0.0032	0.0174	0.0005
Div	0.0334	0.0000	0.0112	0.0038
Dve	0.0326	0.0008	0.0050	0.0033
Tm	0.0061	0.0103	0.0113	0.0010
Ice	0.0019	0.0084	0.0082	0.0022
Ws	0.1154	0.0070	0.0821	0.0005
Wd	0.0842	0.0107	0.0781	0.0005

Fuente: Elaboración propia.

Se concluye que las variables no se encuentran auto-correlacionadas y por tanto es posible iniciar el estudio econométrico.

3.2.3 Resultados de la estimación con datos de sección cruzada

Con el fin de observar que pasa con el incremento del valor agregado de la industria a través de los periodos, tanto en la industria en general como en sus ramas se hicieron las regresiones utilizando el método de mínimos cuadrados. La regresión representativa de las ramas se observa en el siguiente cuadro.

Cuadro 3.7 Resultados de las regresiones para las ramas de la industria en las regiones

Periodos	Pre Apertura 1980-1985		Apertura 1985-1988		1988-1993		Post Apertura 1993-1998	
		t		t		t		t
c	-0.00	-0.01	-2.23	-2.06	-5.72	-2.70	-1.34	-0.91
Lq	0.33	2.46	0.05	0.50	0.04	0.45	-0.05	-0.36
Div	-0.07	-1.53	0.03	0.50	0.15	1.76	0.16	1.05
Dve	0.06	1.28	-0.03	-0.48	-0.17	-1.86	-0.17	-1.05
Íce	0.20	6.00	-0.03	-1.06	-0.21	-4.67	-0.06	-1.57
Tm	0.05	0.48	-0.02	-0.24	-0.02	-0.49	-0.09	-1.11
Ws	-0.25	-1.33	0.04	0.43	0.24	2.33	-0.12	-1.44
Wd	0.44	5.28	1.06	1.96	2.65	2.54	0.62	0.86
DR1	-0.13	-1.31	-0.01	-0.26	-0.06	-0.91	-0.12	-1.95
DR2	-0.20	-3.19	0.07	1.07	-0.12	-1.59	-0.03	-0.57
DR3	-0.05	-0.86	0.02	0.42	-0.01	-0.37	-0.04	-1.13
R cuadrado	0.23		0.02		0.20		0.05	
R ajustado	0.21		0.00		0.18		0.03	
Durbin Watson	2.20		2.11		2.07		2.00	
F estadístico	15.88		1.30		13.02		2.80	

Fuente: Elaboración propia.

En el cuadro de regresiones para el periodo de 1980-1985 se muestra positiva y estadísticamente significativa la especialización, lo que se traduce en: sí la especialización del empleo aumenta un punto porcentual entonces el crecimiento del valor agregado también lo hará en un 0.33 por ciento lo cual fue importante en dicho periodo ya que corresponde a la transición entre la política de sustitución de importaciones y la apertura.

Asimismo se muestra estadísticamente significativo el índice de competitividad, en términos porcentuales el valor agregado se aumentaría en 0.20 por ciento por cada punto porcentual que se incremente la competitividad; también el diferencial de salario es significativo y positivo lo que se traduce en un aumento de 0.44 por ciento del valor agregado por cada punto porcentual de aumento en el diferencial de las remuneraciones al empleo; una observación más en dicho periodo es que la región del norte es la única que presenta significancia estadística.

En 1988-1993 la competitividad, los salarios y el diferencial de salarios son las únicas variables significativas lo cual es consistente con la política que se sigue en los inicios de la apertura en donde las empresas predominantemente transnacionales buscaban localizaciones que contaran con personal capacitado productivo para obtener mayor competitividad en la industria del mercado internacional y a bajo costo; sin embargo, en la regresión la competitividad presenta signo negativo y las dos variables de salarios son positivas, lo cual se traduce en que si los salarios son mayores entonces el valor agregado también lo es y si la competitividad es mayor se produce un efecto contrario en el valor agregado, este resultado no es consistente con la lógica de la política de apertura, a pesar de ello la región norte presenta significancia.

Para el periodo de 1993-1998 ninguna variable resulta significativa; sin embargo, se presenta consistencia en la región fronteriza, si tomamos un grado de significancia de 10 por ciento entonces la diversidad toma relevancia. En éste periodo el encontrar que la región frontera es significativa puede ser el resultado de que el resto de variables no se encuentren significativas dado que en dicha región el patrón de especialización es predominantemente de tipo maquilador concentrado en las ramas 32 y 38 lo cual puede presentar sesgos en el resto de las ramas.

Para mejorar el análisis de la industria en la ciudad, además de correr regresiones sobre las ramas componentes de la industria, también se han corrido regresiones para la industria manufacturera de cada ciudad, el resultado se presenta a continuación.

Cuadro 3.8 Resultados de las regresiones para la industria en las regiones

Periodos	Pre Apertura 1980-1985		1985-1988		Apertura 1988-1993		Post Apertura 1993-1998	
		t		t		t		t
c	0.8264	3.8411	-0.1093	-1.9039	-0.0960	-1.3723	-0.0283	-0.7283
Div	-0.0038	-0.3885	0.0011	0.0966	0.0069	0.6699	0.0004	0.0701
Ice	1.0247	3.7861	0.2546	0.7393	0.5619	1.2659	1.0833	5.1297
Tm	0.8464	3.4584	0.5036	2.3121	0.0923	0.6055	0.3104	1.4533
Ws	-1.1412	-7.2058	-0.6092	-3.3890	-0.5072	-1.9993	-0.7607	-5.8249
Wd	-0.8239	-3.1890	-0.0286	-0.1941	0.1261	0.5294	-0.5868	-3.0681
DR1	-0.2447	-2.1392	-0.2805	-2.4741	-0.3142	-2.3544	-0.1660	-1.9437
DR2	-0.1381	-1.4634	-0.0428	-0.4547	-0.0788	-0.8115	-0.0314	-0.4884
DR3	-0.1161	-1.4070	0.0384	0.4725	-0.1239	-1.5268	-0.0765	-1.5690
R cuadrado	0.5998		0.3727		0.1759		0.5540	
R ajustado	0.5358		0.2724		0.0441		0.4827	
Durbin Watson	2.0212		2.3158		2.1421		2.1488	
F estadístico	9.3686		3.7138		1.3343		7.7643	

Fuente: Elaboración propia.

Como se esperaba la consistencia de los estimadores se mejora si agregamos a nivel de industria en lugar de ramas. En el periodo de 1980-1985 la competitividad y el tamaño medio presentan los signos esperados, así como las variables de salario, de lo cual puede concluirse que mientras mayor sea el tamaño medio y la competitividad de las empresas, así como mientras más bajos sean los salarios; mayor será el crecimiento del valor agregado que éstas generen, la región frontera es la única que se presenta significativa en este periodo.

El siguiente periodo 1985-1988 se considera de apertura, el tamaño medio y los salarios persisten en la tendencia del periodo anterior además de la región frontera. Para el periodo de apertura 1988-1993 sólo los salarios y la región frontera presentan significancia; en el de post apertura vuelven a ser significativas las mismas variables que en 1980-1985, así como la persistencia de la región fronteriza.

Hasta aquí se ha evaluado qué pasa con la industria en la ciudad así como en las nueve ramas a través del tiempo en cuatro distintos periodos representativos de la transición de la política comercial en México. Para observar lo que ocurre a lo largo del periodo se ha formado un panel de datos el cual evalúa las mismas variables que las de la industria en la ciudad excepto las variables *dummy* representativas de las regiones.

3.2.4 Análisis econométrico con datos panel

Para realizar la evaluación del panel de datos, las regresiones se corrieron por cuatro métodos, en primer lugar se corre por mínimos cuadrado ordinarios, en segundo por mínimos cuadrados ponderados, un modelo de efectos fijos en tercer plano y por último uno de efectos aleatorios; los resultados son los siguientes.

Cuadro 3.9 Resultados con datos panel, para la industria en las regiones

Periodos	MCO	t	MCP	t	MEF	t	MEA	t
c	-0.26	-10.09	-0.25	-34.26			-0.18	-7.04
Div	-0.04	-16.16	-0.04	-66.38	-0.04	-26.08	-0.03	-13.94
Tm	0.00	0.03	0.22	2.08	-0.04	-0.33	0.12	0.93
Ws	-0.75	-5.72	-0.69	-11.26	-1.43	-12.06	-0.40	-4.06
Wd	-0.32	-1.93	-0.55	-4.86	-0.30	-2.14	-0.37	-2.91
Íce	0.90	3.66	0.81	8.51	0.34	1.19	0.52	3.09
R cuadrado	0.67		0.87		0.82		0.45	
R ajustado	0.66		0.87		0.76		0.43	
Durbin Watson	1.81		2.19		2.42		1.44	
F estadístico	94.11		328.63		206.80			

Fuente: Elaboración propia.

Como se observa las variables muestran el mismo signo con los cuatro métodos utilizados, así como la persistencia de la significancia. Con la excepción del tamaño medio, pues sólo es significativo si se corre a través de mínimos cuadrados ponderados. La diversidad como era de esperarse es significativa, esto significa que mientras menor es el grado de diversidad de la industria en la ciudad, mayor es el crecimiento del valor agregado.

Los salarios simples y el diferencial de salarios presentan signos negativos y significativos, esto significa que: para la generación de valor agregado es importante bajas remuneraciones medias, ya que esto se traslada a la competitividad de la industria, la cual es estadísticamente significativa y positiva; además la competitividad es la diferencia entre el valor agregado y las remuneraciones medias.

Para terminar, es importante destacar que en el desarrollo del capítulo se observó la dispersión de las ciudades en el tiempo a través de la varianza tanto por industria como en las nueve ramas que la componen, el resultado del análisis es que sí se toma la desagregación a cuatro dígitos la línea de la tendencia es muy similar entre ellas, pero al analizar a la industria en general la tendencia no es lineal presentando quiebres en cada corte trasversal de los periodos de análisis.

Además se hizo la propuesta para considerar aquellas ciudades que se encuentran por encima de la media muestral en cada una de las variables. Los resultados del análisis revelan que sí bien las gráficas para cada una de las regiones en una misma variable presentan tendencia similar, entre regiones la pendiente es diferente, notablemente entre cada uno de los periodos.

A fin de conocer porque las tendencias de las variables son diferentes entre las regiones, además de entre los periodos, así como para la comprobación de las hipótesis se corrieron las regresiones correspondientes a cada periodo (tipo sección cruzada) y a lo largo del periodo (panel de datos), dichas regresiones se corrieron tanto para la industria en general usando ambas metodologías y para cada rama de la industria en la ciudad usando solo la metodología de corte trasversal.

Los resultados arrojados por ambas estimaciones se contrastan con las teorías presentadas en el primer capítulo de la investigación; por ejemplo, en el modelo de Fujita (1999) se pretende comprobar que las economías Marshallianas importan en la localización de las industrias, en donde se concluye que la industria se localiza en respuesta a los diferenciales de salarios y, por tanto, surgirá un patrón disperso de la producción; tal y como lo demuestra Venables (1996) y Hanson (1996). Los resultados de la investigación comprueban el planteamiento de Fujita, sobre todo en las regiones frontera y norte, ya que son regiones en donde el patrón de especialización se basa en actividades de las ramas 37, 38 y 39; actividades en donde se concentran las maquiladoras y las empresas de capitales transnacionales, como por ejemplo la automotriz, la de eléctricos y electrónicos. Dichas actividades se caracterizan por buscar localizaciones en donde se absorban bajos costos de trasporte; es decir, una localización efectiva en donde la distancia al mercado sea una ventaja que facilite el acceso al mismo, bajos costos salariales que se trasforme en una mayor productividad generadora de competitividad del producto en mercados externos (Calderón y Martínez, 2004).

Además se obtienen los mismos resultados que Hanson (1997); el autor explica que la tasa diferencial de salarios está en función del costo de trasporte para el trabajador de la industria. Si bien en la investigación no se ha medido al salario en términos del tiempo que representa el costo de trasporte del empleado, se encuentra que los salarios más elevados corresponden a las ciudades con mayor población del país, las grandes ciudades.

Las ciudades que a lo largo del periodo se encontraron por encima del promedio de salarios remunerados –exceptuando a Minatitlán ya que su especialización en la industria de la petroquímica infla la variable en dicha ciudad–, el resto de ciudades son: Ciudad de México, Guadalajara, Hermosillo, Mexicali, Monclova, Monterrey, Orizaba, Poza Rica, Puebla, Querétaro, Saltillo, Toluca y Veracruz. Cabe señalar que dichas ciudades ocupaban una población mayor a los 250 000 habitantes en el censo de población y vivienda del 2000

Vinculando lo anterior con lo propuesto por Fujita (1999), que el tamaño de la población ocupada de una ciudad está en función del tamaño de su población, la investigación encuentra que se cumple la condición planteada por el autor. Aunque también es importante destacar que según las leyes de oferta y demanda de trabajo se establece que si la oferta es mayor que la demanda entonces el precio y en este caso el salario, es más bajo; si bien en las ciudades anteriores no se cumple la teoría de oferta y demanda laboral, en ciudades en las que se considera alta rotación de personal, como en el caso de las especializadas en la maquila sí se cumple con tal condición. La afirmación anterior es consistente con los resultados presentados por Gambrill (1995), quien elabora un análisis de la evolución de los salarios de las maquiladoras en términos reales específicamente en las localizadas en la frontera norte del país.

Por otro lado, en cuanto al análisis del crecimiento urbano, en términos de la tasa de crecimiento del empleo, como lo señala Glaeser, *et al.* (1992), la investigación, como ya se mencionó, no pudo demostrar que la variable de crecimiento del empleo está función de la especialización (externalidades tipo MAR), diversidad (tipo Jacobs) y monopolio local (competencia, tipo Porter) ya que la forma de construir, recopilar y publicar los datos que dictan las características principales de la industria editados por INEGI presentan un sesgo en la información desagregada a nivel de cuatro dígitos y a nivel municipal, por lo que se optó por tomar como variable dependiente la tasa de crecimiento del valor agregado; bajo el supuesto que, sin trabajadores no se genera valor en la transformación de la materia prima.

Los resultados de la investigación son similares a los de Glaeser, *et al.* (1992), pues se encuentra que para la industria en las ciudades; tanto en el corte trasversal de los periodos de estudio, como para el análisis del periodo completo, las variables que miden las externalidades tipo MAR, tipo Jacobs y la competencia o competitividad de la industria son significativas además de presentar el signo esperado.

Con el análisis de los estimadores, arrojados por las regresiones, se finaliza el capítulo; ya que el objetivo fue observar sí las variables estimadas eran o no significativas, así como elegir la mejor estimación en el caso del panel de datos. Como en la mayoría de esta clase de estudios, la hipótesis solamente se confirma parcialmente.

Conclusiones

El presente apartado tiene por objetivo discutir si los resultados arrojados en las estimaciones son los mismos que se proponen en las teorías; además de comprobar la hipótesis planteada en la investigación y corroborar que los objetivos de la misma se hayan cumplido. También se indican las aportaciones de este trabajo, sus restricciones y las líneas de investigación que quedan pendientes.

Teoría y evidencia empírica

Se tomó el modelo de Glaeser, *et al.* (1992), como plataforma teórica para sustentar la investigación. En su artículo, el autor argumenta que las externalidades tipo MAR (Marshall-Arrow-Romer) son importantes para explicar el crecimiento de las ciudades, así como la especialización de las mismas; pero son incapaces de explicar porque se generan los derrames de conocimiento.

En la investigación se evaluaron las externalidades tipo MAR, por medio de coeficientes de localización; de esta manera, se han identificado los patrones de especialización industrial en las regiones de estudio y en las ciudades que las componen. Para capturar los *spillovers* de conocimiento, se construyeron las variables de productividad y un índice que explica la competitividad de las empresas, con el fin de representar a las economías de escala (internas a la industria); además, de esta forma se representa en la investigación, el efecto del monopolio local, al estilo Porter (1990). Adicionalmente, en la investigación, se ha evaluado el efecto que representa la diversidad (Jacobs, 1969) en el crecimiento urbano, para ello se tomó como base el índice de Hirschman-Herfindhal, excluyendo la rama de la cual se desea conocer el grado de diversidad.

Una especificación adicional del modelo de Glaeser, *et al.* (1992) es que toma a los *spillovers* de conocimientos como constantes en el tiempo; en la presente investigación se trató de la misma forma; se capturó cuanto pueden aprender los trabajadores y hasta donde son capaces de transmitir su conocimiento. Si bien la investigación no logra capturar niveles de desagregación, hasta empresas y empleados; si capturó el efecto derrames de conocimiento a nivel urbano.

Además, en el modelo teórico tampoco se capturan las tecnologías que ahorran mano de obra, ya que la innovación tecnológica en una ciudad se supone es la suma de dicha tecnología a nivel nacional, más la tecnología local. Un hallazgo importante de la investigación, es que las variables utilizadas sí permiten identificar aquellas ramas de la industria manufacturera que son intensivas en mano de obra y aquellas que son intensivas en bienes de capital.

En la investigación se usó como medida de especialización de la ciudad-industria, al coeficiente LQ_i, este coeficiente sirvió para medir el grado de competencia local de la industria en la ciudad y el efecto de las economías externas.

Sin embargo, no siempre se cumple que una gran industria en una gran ciudad genera especialización monopolizando las ideas e internalizando las innovaciones; pues ciudades medianas y pequeñas, (la mayoría de las ciudades de la muestra se encuentra en esta categoría), ocupan parte de su empleo en pequeñas industrias de especialización común, complementándose y formando un tipo de distritos industriales. Ejemplo de esto es la ciudad de León, dedicada a la industria del cuero y el calzado.

En su estudio, Glaeser, *et al.* (1992) encuentra para la muestra de ciudades, que las ciudades-industrias no están diversificadas o al menos no están bien diversificadas. Lo mismo se encuentra en la muestra de ciudades de esta investigación, en donde la única ciudad cuya diversidad es menor a 0.40 es la Ciudad de México; el resto de urbes en la muestra presenta grados de diversificación mayores, por lo cual se puede concluir que, la única ciudad diversificada en el país es el área metropolitana del Distrito Federal, el resto de urbes nacionales muestran un menor grado de diversificación.

Los resultados en la presente investigación favorecen proveen evidencia de las externalidades MAR, Jacobs y Porter. Consecuentemente, a medida que se aprovechan las economías de aglomeración, se obtienen ventajas de las economías de escala, en donde, tanto la especialización como el grado de diversificación de la industria en la ciudad importan en la determinación del crecimiento económico de la misma. Se considera que las teorías elegidas como referente se justifican con base en los resultados arrojados.

Hallazgos de la investigación

El concepto de apertura comercial sin duda ha sido analizado en un sinnúmero de trabajos empíricos nacionales e internacionales por investigadores de todos los niveles. Sin embargo, en México poco se ha investigado sobre qué paso antes, específicamente el determinar cuáles eran las actividades dominantes en los periodos anteriores a la apertura así como averiguar cómo era la estructura de la distribución espacial de actividades económicas en el territorio nacional y cuál era el comportamiento de la industria anterior a la liberalización comercial.

Sí bien en la investigación no se pretendió evaluar la efectividad de la política de liberación comercial, si resultó importante tomar en cuenta lo que ocurría antes de llevarse a cabo, con el fin de precisar que la distribución territorial de los patrones de especialización industrial y crecimiento en las ciudades de México se ha trasformado en el tiempo. Además de acentuar los factores de influencia en dicha distribución, sobre todo especificar que la región norte del país ha ganado competitividad territorial.

La hipótesis de investigación, básicamente consistió en demostrar que las ciudades del norte del país han crecido más que el resto de urbes. Para diferenciar las ciudades de las cuatro regionalizaciones que se tomaron en la muestra se aplicaron variables *dummy*.

Los resultados en términos del crecimiento del valor agregado muestran que la región frontera y la norte son las que más acentúan su crecimiento a partir de los periodos de apertura; esto desde 1988 a 1998, sobre todo Ciudad Juárez, Tampico, Monterrey, Chihuahua, Saltillo, Monclova y Hermosillo. Sin embargo, las grandes ciudades del centro del país, se muestran constantes a lo largo del periodo de estudio; razón por la cual se concluye que: si bien a partir de la apertura comercial los patrones de localización industrial se han reconfigurado espacialmente, asentándose en las ciudades de la región norte y frontera; el centro del país no ha perdido tanta importancia.

También se encontró que existen diferencias estructurales al interior de las regiones; la productividad y competitividad influyen de manera importante en las decisiones de localización de las industrias, y por ende los patrones de crecimiento entre las ciudades se muestran diferentes. Es importante señalar que el patrón de crecimiento urbano es diferente tanto en las regiones, como al interior de ellas. Tomando en cuenta los resultados arrojados por la investigación, el crecimiento urbano para la muestra de ciudades ha evolucionado significativamente.

El término de evolución es consistente, pues se ha encontrado que la especialización no cambia a través del tiempo; es decir, una ciudad que se encuentra especializada en la industria de metálicas básicas en 1980 sigue con el mismo patrón a lo largo de los periodos, acentuándose conforme la política de apertura se hace más intensiva. Con algunas excepciones como la ciudad de Monclova, en donde su base industrial se estructuraba alrededor de una única empresa dedicada al acero; un evento extraordinario hace cerrar la industria, entonces la orientación económica de la ciudad por ende cambia. A pesar de ello, dicha ciudad es representativa a lo largo del periodo tanto en el empleo como en los salarios.

Un ejemplo adicional de la evolución en los patrones de especialización son las ciudades de la región norte y centro norte, en donde la primera presenta una estructura industrial orientada al mercado externo, y la segunda presenta una estructura industrial orientada en su mayoría a las necesidades del mercado doméstico. Con algunas excepciones como León en donde la estructura industrial es una mezcla.

Además, se comprueba que la región fronteriza presenta un patrón de especialización orientado a la industria maquiladora; ya que dicha región se caracteriza por tener baja productividad y, por ende, poca generación de valor agregado a la manufactura. Una característica adicional en este tipo de industrialización es que los salarios son bajos; en la investigación se comprueba que las remuneraciones medias anuales a los trabajadores en dicha región no se diferencian del resto de las regiones; a pesar de que la tendencia del empleo en la zona fronteriza se muestra divergente, sobre todo a partir del proceso de apertura.

Por su parte, la región centro sur no dejó de ser significativa en el periodo de estudio; las ciudades de Puebla, Toluca, Guadalajara y Ciudad de México, observaron una tendencia constante en los niveles de productividad, empleo y salarios. También tuvieron importancia en la generación de valor agregado en la industria manufacturera nacional.

Respecto a los factores de crecimiento presentes en cada ciudad, se puede decir que si bien la especialización y la diversidad se presentan como variables de influencia en la determinación de la localización industrial, y ésta como determinante del crecimiento urbano, otras variables generadoras de economías de aglomeración son la productividad, la competitividad y los salarios. La investigación encontró que todas las variables son significativas a nivel de industria en la ciudad; sin embargo, a nivel de ramas de la industria manufacturera sólo algunas se muestran significativas.

Finalmente, el análisis presentado sólo capturó la industria manufacturera y sus nueve ramas a nivel de regiones. Para identificar dichas variables a nivel de la muestra de ciudades, se elaboró un análisis estadístico, cuyos resultados fueron expuestos en el capítulo tercero; el análisis econométrico para la muestra total por ciudad, no se realizó.

Límites de la investigación

La principal fue el acceso a la información; específicamente al Censo Industrial de 1981. Se debe hacer mención acerca de los niveles de agregación; pues como se demostró en las regresiones, cuando se corren las variables a nivel de rama las estimaciones no siempre son estadísticamente significativas. Sin embargo, cuando se agrega a la industria en general las estimaciones mejoran.

Una limitante adicional es que en el desarrollo de la investigación no se especificaron las industrias intensivas en el uso de recursos naturales. El análisis no incorporó factores generadores de economías de aglomeración, relacionados con los recursos naturales, tales como: agua, electrificación, acceso a materias primas, o ventajas naturales de la industria. Por otra parte, dentro de las variables independientes se debería haber incorporado la distancia a la frontera, como ventaja comparativa de la localización espacial de la ciudad con respecto al puente fronterizo más cercano.

Uno de los objetivos de la investigación era regionalizar a las ciudades tomando como base el factor especialización, objetivo que no se pudo cumplir y en lugar de ello se utilizó la regionalización de Hiernaux (1995) y Sobrino (2003). Con excepción de la región frontera, que considera a las ciudades ubicadas geográficamente en la línea del borde con los Estados Unidos de América al norte, a una distancia no mayor a los 30 kilómetros al sur del país. Para terminar, la investigación no incluyó una medida del grado de urbanización tomando como punto de referencia el ciclo de vida del producto en la industria y sus ramas.

Líneas de investigación

Una posible línea de investigación, surge al reconocer que los patrones de industrialización entre las regiones se muestran diferentes; en particular resulta interesante indagar sobre los factores característicos de la región que pueden ser aprovechados como ventajas comparativas, haciendo hincapié en la dotación de factores naturales tales como la distancia al mercado, el aprovechamiento del suelo agrícola, el subsuelo en la industria minera, manantiales de agua, entre otros. Es interesante ya que si se conoce la dotación de factores naturales de una localización en particular, entonces puede ser aprovechada tanto para la localización de empresas (inversión privada), como para la inversión pública; generando polos de desarrollo que puedan crear efectos de desbordamiento a las áreas circundantes.

En relación a la inversión pública, una línea pendiente de investigación es vincular los factores de desarrollo industrial o especialización industrial a la política pública, generando propuestas para implementar medidas de desarrollo urbano que permitan dinamizar la actividad económica en las ciudades, con el fin de crear ciudades más competitivas en términos de especialización industrial.

Por otro lado, es importante señalar que no sólo la industria es determinante del crecimiento urbano, existen ciudades donde la actividad económica principal no es la manufactura, ya que cuentan con otros sectores dinamizadores (servicios de información, telecomunicaciones, entre otros), particularmente relevantes en el actual capitalismo global.

Bibliografía

Arrow, Kenneth. 1962. The economic implications of learning by doing. *Review of Economic Studies*, vol. 29, núm. 3, pp. 155-173.

Aydalot, Philippe. 1987. El declive urbano y sus relaciones con la población y el empleo. *Estudios Territoriales*, núm. 24, pp. 15-32.

Calderón, Cuauhtémoc y Gerardo Martínez. 2004. Estructura industrial de la frontera norte y estrategia de desarrollo. *Comercio Exterior*, vol. 54, núm. 8, pp. 712-721.

Conapo, 1994. *Evolución de las ciudades de México, 1900-1990.* México: Conapo, Fondo de Población de Naciones Unidas.

Costa, María, Agustín Segarra y Elisabet Viladecans. 1998. Pautas de localización de las nuevas empresas y flexibilidad territorial. *Intitut d'Economía de Barcelona, documento de trabajo*, núm. 2000/3.

Cota, María del Rosario y Juan Rodríguez. 1999. Evolución interna de las principales zonas metropolitanas de México, *Comercio Exterior*, vol. 49, núm. 8, pp. 690-695.

Christaller Walter. 1933. *Central places in southern Germany.* Jena: Fisher, traducción al ingles, Reino Unido: Prentice Hall.

Díaz-Bautista, Alejandro. 2000. Efectos de la globalización en la competitividad y en los sectores productivos locales de México. *Observatorio de la Economía Latinoamericana*, consultado en: http://www.eumed.net/cursecon/ecolat/mx/index.htm.

_____, Alejandro. 2002. Un modelo de aglomeraciones, inversión extranjera y crecimiento para la nueva geografía económica de México. *Observatorio de la Economía* Latinoamericana, consultado en http://www.eumed.net/cursecon/ecolat/mx/ADB-reg.htm.

Dinlersoz, Emin. 2002. Cities and the organization of manufacturing. *Department of economics, University of Houston, Texas*, consultado en http://128.118.178.162/eps/urb/papers/0204/0204003.pdf.

Lo, Fu-Chen y Yue-Man Yeung. 1998. Crecimiento urbano y globalización. En UNESCO. *Informe mundial sobre la cultura.* Francia: UNESCO, pp. 159-167.

Fujita, Masahisa. 1999. *Urban economic theory: Land use and city size.* Reino Unido: Cambridge University Press.

_____, Masahisa, Paul Krugman y Anthony Venables. 1999. *Economía espacial: Las ciudades, las regiones y el comercio internacional.* España: Editorial Ariel.

Gambrill, Mónica. 1995. La política salarial de las maquiladoras: Mejoras posibles bajo el TLC. *Comercio Exterior*, vol. 45, núm. 7 pp. 543-549.

Garza, Gustavo. 1980. *Industrialización de las principales ciudades de México*. México: El Colegio de México.

____, Gustavo. 1989. *Una década de planeación urbano-regional en México, 1978-1988*. México: El Colegio de México.

____, Gustavo. 1992/1999. *Desconcentración, tecnología y localización industrial en México*. México: El Colegio de México.

____, Gustavo. 1996/1999. *Cincuenta años de investigación urbana y regional en México, 1940-1991*. México: El Colegio de México.

____, Gustavo y Fernando Rodríguez. 1998. *Normatividad urbanística en las principales metrópolis de México*. México: El Colegio de México.

Glaeser, Edward, Hedi Kallal, José Scheinkman y Andrei Shleifer. 1992. Growth in cities. *Journal of Political Economy*, vol. 100, núm. 6, pp. 1126-1132.

____, Edward y David Maré. 1994. Cities and skills. *NBER working paper series*, núm. 4728, pp. 2-23.

Glaeser, Edwar, 1999. Urban primacy and politics. Harvard Institute of Economic Research.

Greene, William. 1999. *Análisis econométrico*. España: Editorial Prentice Hall.

Gujarati, Damodar. 1997. *Econometría*. Estados Unidos: McGraw-Hill.

Hanson, Gordon. 1992. Regional adjustment to trade liberalization. *NBER, working paper*, núm. 4713.

____, Gordon. 1996. U.S.-Mexico integration and regional economies: Evidence from border-city pairs. NBER, working paper, núm. 5425.

____, Gordon. 1997. Increasing returns, trade and the regional structure of wages. *The Economic Journal*, vol. 107, núm. 440, pp. 113-133.

____, Gordon. 2000. Scale economies and the geographic concentration of industry. *NBER, working paper*, núm. 8013.

Henderson, Vernon. 1974. The sizes and types of cities. *American Economic Review*, vol. 64, núm. 4, pp. 640-656.

____, Vernon, Ari Kuncoro y Matt Turner. 1995. Industrial development in cities. *Journal of Political Economy*. Vol. 103, no. 5, pp. 1067-1090.

____, Vernon y Black Duncan. 1997. Urban growth. *NBER, working paper*, núm. 6008.

____, Vernon. 1999. Marshall's scale economies. *NBER, working paper*, núm. 7358.

____, Vernon. 2000. The effects of urban concentration on economic growth. *NBER, working paper*, núm. 7503.

Hiernaux, Daniel. 1995. *Reestructuración económica y cambios territoriales en México: Un balance 1982-1995*. México: Universidad Autónoma Metropolitana.
Hoover, Edgar. 1937/1948. *The location of economic activity*. Estados Unidos: McGraw-Hill.
Hotelling H. 1929. Stability in competition. *The Economic Journal*, vol. 39, núm. 153, pp. 41-57.
Jacobs, Jane. 1969. *The economy of cities*. Estados Unidos: Vintage.
Krugman, Paul. 1990. Increasing returns and economic geography. *NBER, working paper*, núm. 3275.
____, Paul. 1991. Cities in space. *NBER, working paper*, núm. 3607.
____, Paul y Raul Livas. 1992. Trade policy and the third world metropolis. *NBER, working paper*, núm. 4238.
____, Paul y Anthony Venables. 1993. Integration, Specialization, and the Adjustment. *NBER, working paper*, núm. 4559.
Lösch, August. 1940/1954. *The economics of location*. Estados Unidos: Yale University Press.
Marshall, Alfred. 1890. *Principles of economics*. Reino Unido: McMillan.
McDonald, John. 1997. *Fundamental of urban economics*. Estados Unidos: Prentice Hall.
Moreno, Berta. 1996. Externalities and growth in the Spanish industries. *Documento de trabajo, FEDEA*.
Negrete, María Eugenia y Héctor Salazar. 1986. Zonas metropolitanas en México, 1980. *Estudios Demográficos y Urbanos*, vol. 1, núm. 1, pp 97-126.
Nigel, Harris. 1997. Cities in a global economy: Structural change and policy reaction. *Urban Studies*, vol. 34, núm 10, pp. 1693-1702.
Ohlin Bertil. 1933. *Interregional and international trade*. Estados Unidos: Harvard University Press.
Overman, Henry, Stephen Redding y Anthony Venables. 2001. The economic geography of trade, production and income: a survey of empiric. *London School of Economics y CEPR*.
Porter, Michael. 1990. *The competitive advantage of nations*. Estados Unidos: Free Press.
Puga, Diego y Anthony Venables. 1996. The spread of industry: Spatial agglomeration in economic development. *Centre for Economic Performance, London School of Economics*, núm. 279.
____, Diego y Gilles Duranton. 2002. From sectoral to functional urban specialization. *NBER, working paper*, núm. 9112.
Richardson, Harry. 1978. *Economía regional y urbana*. España: Alianza Editorial.
Romer, Paul. 1990. Rendimientos crecientes y nuevos desarrollos en la teoría del crecimiento. *Cuadernos económicos del ICE*, núm. 46, pp. 279-305.

Sobrino, Jaime. 2003. *Competitividad de las ciudades en México. México.* México: El Colegio de México.
Tugores, Juan y Gonzalo Bernardos. 1994. Grados de competencia imperfecta, localización industrial y comercio internacional. El Trimestre económico, vol. 61, num. 244, 585-601.
Unikel, Luis, Crescencio Ruiz y Gustavo Garza. 1978. *El desarrollo urbano de México.* México: El Colegio de México.
Venables, Anthony. 1996. Equilibrium locations of vertically linked industries. *International Economic Review,* vol. 37, núm. 2, pp 341-359.
Viladecans, Elisabeth. 2003. Economías externas y localización del empleo industrial. *Revista de Economía Aplicada,* vol. 11, núm. 31, pp. 5-32.
Villarreal, Diana, Dominique Mignot y Daniel Hiernaux. 2003. *Dinámicas metropolitanas y estructuración territorial. Estudio comparativo México-Francia.* México: Universidad Autónoma Metropolitana.
Thünen, Johann. 1826. *Der isolierte staat in bezie auf landtschaft und nationalökonomie.* Alemania.
Weber Alfred. 1929. *Theory of location of industries.* Estados Unidos: Chicago University Press.

Anexos

Cuadro 1 Panorama metropolitano desde 1970 al 2000: Áreas metropolitanas y municipios conurbanos

No.	Entidad	Municipio	Área Metropolitana	1970	1980	1990	2000
1			**Aguascalientes**			✓	
	1	1	Aguascalientes				
	1	5	Jesús María				
	1	11	San francisco de los Romo				
2			**Tijuana**				
	2	4	Tijuana				
	2	5	Playas de Rosarito				
3			**Torreón**	✓			
	5	17	Matamoros				
	5	35	Torreón				
	10	7	Gómez palacio				
	10	12	Ciudad Lerdo				
4			**Saltillo**			✓	
	5	4	Arteaga				
	5	27	Saltillo				
	5	30	Ramos Arizpe				
5			**Monclova**		✓		
	5	6	Castaños				
	5	10	Frontera				
	5	18	Monclova				
	5	31	San Buenaventura				
6			**Colima**			✓	
	6	2	Colima				
	6	10	Villa de Álvarez				
7			**Tuxtla Gutiérrez**				✓
	7	12	Berriozábal				
	7	27	Chiapa de Corzo				
	7	101	Tuxtla Gutiérrez				
8			**Ciudad de México**	✓			
	9	2	Distrito federal				
	13	69	Tizayuca				
	15	2	Tepexpan				
	15	11	San Salvador Atenco				
	15	13	Ciudad López Mateos				
	15	20	San Francisco Coacalco				
	15	22	Cocotitlán				
	15	23	Coyotepec				
	15	24	Cuautitlán				
	15	25	Chalco				
	15	28	Chiautla				
	15	29	Chicoloapan				
	15	30	Chinconcuac				
	15	31	Chimalhuacán				
	15	33	Ecatepec				
	15	35	Huehuetoca				
	15	37	Naucalpan				
	15	38	Isidro Fabela				
	15	39	Ixtapaluca				
	15	44	Alborada Jaltenco				
	15	46	Jilotzingo				
	15	53	Melchor Ocampo				
	15	57	Naucalpan de Juárez				
	15	58	Ciudad Nezahualcóyotl				
	15	59	Santa Ana Nextlalpan				
	15	60	Villa Nicolás Romero				
	15	69	Papalotla				
	15	70	Los Reyes Acaquilpan				
	15	75	San Martín de las Pirámides				
	15	81	Tecámac				
	15	83	Temamatla				
	15	91	Teoloyucan				
	15	92	Teotihuacan				
	15	95	Tepotzolán				
	15	99	Texcoco				
	15	100	Tezoyuca				
	15	104	Tlalnepantla				
	15	108	Tultepec				

Rosa María García Almada
Isaac Leobardo Sánchez Juárez

	15	109	Tultitlán	
	15	120	Zumpango	
	15	121	Cuautitlán Izcalli	
	15	122	Xico	
9			**León**	✓
	11	20	León	
	11	25	Purísima de los Bustos	
	11	31	San Francisco del Rincón	
10			**Celaya**	✓
	11	7	Celaya	
	11	11	Cortázar	
	11	44	Villagrán	
11			**Pachuca**	✓
	13	48	Pachuca de Soto	
	13	51	Pachuca	
12			**Guadalajara**	✓
	14	39	Guadalajara	
	14	51	Juanacatlán	
	14	70	El Salto	
	14	97	Tlajomulco	
	14	98	Tlaquepaque	
	14	101	Tonalá	
	14	120	Zapopan	
13			**Puerto Vallarta**	✓
	14	67	Puerto Vallarta	
	18	20	Bucerías	
14			**Toluca**	✓
	15	5	Almoloya de Juárez	
	15	51	Lerma	
	15	54	Metepec	
	15	55	Mexicaltzingo	
	15	62	Ocoyoacac	
	15	67	Villa Cuauhtémoc	
	15	76	San Mateo Atenco	
	15	106	Toluca	
	15	115	Xonacatlán	
	15	118	San Miguel Zinancatepec	
15			**Zamora**	✓
	16	43	Jacona	
	16	108	Zamora	
16			**Cuernavaca**	✓
	17	7	Cuernavaca	
	17	8	Emiliano Zapata	
	17	11	Jiutepec	
	17	18	Temixco	
	17	28	Xochitepec	
17			**Cuautla**	✓
	17	2	Atlatlahuacan	
	17	4	Ciudad Ayala	
	17	6	Cuautla	
	17	29	Yautepec	
18			**Tepic**	✓
	18	8	Xalisco	
	18	17	Tepic	
19			**Monterrey**	✓
	19	6	Apodaca	
	19	10	Carmen	
	19	18	García	
	19	19	San Pedro Garza García	
	19	21	General Escobedo	
	19	26	Guadalupe	
	19	31	Benito Juárez	
	19	39	Monterrey	
	19	46	San Nicolás de los Garza	
	19	48	Santa Catarina	
20			**Oaxaca**	✓
	20	67	Oaxaca	
	20	83	San Agustín de las Juntas	
	20	107	San Antonio de la Cal	
	20	157	San Jacinto Amilpas	
	20	350	Fraccionamiento El Rosario	
	20	375	Santa Cruz Amilpas	
	20	385	Santa Cruz Xoxocotlán	
	20	390	Santa Lucía del Camino	
	20	399	Santa María Atzompa	
21			**Puebla**	✓
	21	15	Amozoc	
	21	25	Villa Vicente Guerrero	
	21	27	Tenancingo	
	21	28	Teolocholco	
	21	34	Santa María Coronango	

	21	41	San Juan Cuautlancingo	
	21	42	Xicohtingo	
	21	44	Zacatelco	
	21	90	Santa María Zacatepec	
	21	106	Santa Clara Ocoyucan	
	21	114	Puebla	
	21	119	San Andrés Cholula	
	21	125	San Gregorio Atzompa	
	21	136	San Miguel Xoxtla	
	21	140	Cholula	
	21	181	Tlaltenango	
22			**Querétaro**	✓
	22	6	El Pueblito	
	22	11	La Cañada	
	22	14	Querétaro	
23			**Cancún**	✓
	23	3	Isla Mujeres	
	23	5	Cancún	
24			**San Luis Potosí**	✓
	24	28	San Luis Potosí	
	24	35	Soledad de Graciano Sánchez	
25			**Tampico**	✓
	28	3	Altamira	
	28	9	Ciudad Madero	
	28	38	Tampico	
	30	133	Anáhuac	
26			**Reynosa**	✓
	28	32	Reynosa	
	28	33	Ciudad Río Bravo	
27			**Tlaxcala**	✓
	29	2	Apetatitlán	
	29	10	Chiautempan	
	29	18	Contla	
	29	24	Panotla	
	29	33	Tlaxcala	
	29	36	Totolac	
	29	48	La Magdalena Tlaltelulco	
28			**Orizaba**	✓
	30	22	Atzacán	
	30	30	Ciudad Mendoza	
	30	74	Huiloapan	
	30	85	Ixtaczoquitlán	
	30	115	Nogales	
	30	118	Orizaba	
	30	135	Rafael Delgado	
	30	138	Río Blanco	
29			**Veracruz**	✓
	30	28	Boca del Río	
	30	193	Veracruz	
30			**Xalapa**	✓
	30	26	Banderilla	
	30	38	Coatepec	
	30	87	Xalapa	
31			**Minatitlán**	✓
	30	48	Cosoleacaque	
	30	89	Jaltipan	
	30	108	Minatitlán	
	30	120	Oteapan	
	30	199	Zaragoza	
32			**Córdoba**	✓
	30	44	Córdoba	
	30	68	Fortín de las Flores	
33			**Coatzacoalcos**	✓
	30	39	Coatzacoalcos	
	30	82	Ixhuatlán del Sureste	
	30	206	Nanchital	
34			**Poza Rica**	✓
	30	40	Coatzintla	
	30	124	Papantla	
	30	131	Poza Rica	
	30	175	Plan de Ayala	
35			**Mérida**	✓
	31	41	Kanasín	
	31	50	Mérida	
	31	59	Progreso	
	31	101	Umán	
36			**Zacatecas**	✓
	32	17	Guadalupe	
	32	56	Zacatecas	
37	2	2	**Mexicali**	✓

38	8	19	**Chihuahua**	✓
39	8	37	**Ciudad Juárez**	✓
40	10	5	**Durango**	✓
41	11	17	**Irapuato**	✓
42	12	1	**Acapulco**	✓
43	16	53	**Morelia**	✓
44	25	1	**Los Mochis**	✓
45	25	6	**Culiacán**	✓
46	25	12	**Mazatlán**	✓
47	26	18	**Ciudad Obregón**	✓
48	26	30	**Hermosillo**	✓
49	27	4	**Villahermosa**	✓
50	28	22	**Matamoros**	✓
51	28	27	**Nuevo Laredo**	✓
52	28	41	**Ciudad Victoria**	✓
53	16	102	**Uruapan**	✓
54	2	1	**Ensenada**	✓
55	21	156	**Tehuacan**	✓
56	4	2	**Campeche**	✓
57	7	89	**Tapachula**	✓
58	3	3	**La Paz**	✓
59	26	43	**Nogales**	✓

Fuente: Elaboración propia con base en las 38 áreas metropolitanas clasificadas por Sobrino (2003) y en la clasificación de municipios por entidad federativa editados por INEGI

Cuadro 2 Tamaño medio de los establecimientos en las ciudades

Ciudad	Rama	Tamaño medio (periodos)					Ciudad	Rama	Tamaño medio (periodos)				
		1998	1993	1988	1985	1980			1998	1993	1988	1985	1980
Aguascalientes	3	22	16	30	21	17	Minatitlán	3	16	21	67	79	55
	31	10	10	16	16	14		31	5	8	13	12	10
	32	38	28	63	55	40		32	1	2	2	2	1
	33	5	4	6	4	5		33	2	3	3	2	527
	34	7	10	417	8	8		34	5	8	10	7	10
	35	1017	25	259	14	11		35	868	1140	1615	1308	236
	36	24	6	115	8	5		36	7	6	261	9	4
	37	0	12	0	0	4		37	0	0	9	0	0
	38	26	47	86	22	13		38	3	3	3	5	4
	39	76	25	25	20	0		39	2	4	1	0	0
Tijuana	3	61	26	52	34	21	Córdoba	3	10	12	15	13	14
	31	22	12	32	7	10		31	12	18	24	23	21
	32	141	65	87	114	15		32	12	5	5	3	2
	33	10	8	14	13	17		33	2	2	3	3	3
	34	10	25	0	0	10		34	6	9	7	9	9
	35	180	209	0	0	29		35	28	17	63	15	18
	36	738	7	20	6	7		36	25	6	5	5	21
	37	0	24	0	0	0		37	176	172	210	45	0
	38	77	56	110	71	53		38	6	8	7	9	11
	39	37	18	0	0	33		39	6	3	4	2	0
Torreón	3	25	19	26	21	22	Coatzacoalcos	3	21	20	65	47	34
	31	12	12	21	21	18		31	5	8	5	5	6
	32	97	62	61	34	22		32	2	2	2	2	2
	33	9	10	13	8	7		33	2	3	3	2	2
	34	7	9	11	10	2		34	7	8	8	9	241
	35	27	29	39	49	21		35	7405	4402	7360	1012	210
	36	12	9	27	38	13		36	5	9	10	9	6
	37	1189	1291	183	0	0		37	0	0	0	11	0
	38	21	17	24	18	14		38	3	5	4	10	7
	39	36	274	268	39	3		39	5	2	1	0	0
Saltillo	3	25	23	37	33	31	Poza Rica	3	5	5	8	9	6
	31	16	12	15	13	7		31	4	4	5	5	4
	32	56	21	34	36	19		32	2	2	2	2	22
	33	6	7	8	4	3		33	2	2	2	2	2
	34	10	12	12	9	13		34	5	7	9	8	7
	35	35	35	57	64	80		35	214	325	1808	444	8
	36	8	12	35	18	87		36	3	3	4	4	3
	37	84	219	141	25	5		37	0	0	2	0	0
	38	50	50	70	70	66		38	2	2	2	2	3
	39	377	337	28	30	40		39	2	5	0	0	0
Monclova	3	28	27	83	82	67	Mérida	3	13	11	15	12	15
	31	7	10	13	12	11		31	10	9	12	11	12
	32	109	27	4	2	38		32	28	15	22	19	39
	33	3	2	2	2	2		33	5	6	8	4	4
	34	8	8	22	8	10		34	10	10	12	11	8
	35	107	123	253	0	9		35	28	22	38	28	14
	36	8	6	11	9	10		36	24	26	38	34	28
	37	3245	3845	11290	1209	1348		37	150	211	57	72	0
	38	30	22	26	24	68		38	7	8	11	7	5
	39	10	8	2	106	0		39	677	198	45	4	6
Colima	3	4	4	7	11	5	Zacatecas	3	7	5	5	4	6
	31	5	5	9	12	9		31	6	6	4	5	3

Rosa María García Almada
Isaac Leobardo Sánchez Juárez

City	Code	C1	C2	C3	C4	C5	City	Code	C1	C2	C3	C4	C5
	32	3	2	3	2	1		32	22	2	13	3	25
	33	3	2	3	3	3		33	3	2	4	3	3
	34	6	11	10	7	6		34	7	8	30	4	8
	35	67	31	33	0	11		35	395	12	15	0	10
	36	3	5	9	4	4		36	4	6	8	13	8
	37	0	0	0	339	0		37	0	26	7	0	0
	38	4	4	5	4	4		38	6	3	3	3	3
	39	11	11	5	12	1		39	6	20	11	0	0
Tuxtla Gutiérrez	3	4	4	6	6	8	Mexicali	3	54	31	39	28	21
	31	5	6	9	7	8		31	16	15	13	17	12
	32	2	2	3	4	3		32	34	22	41	36	40
	33	2	4	6	5	10		33	5	8	10	5	5
	34	6	6	6	5	6		34	28	16	23	18	12
	35	13	9	18	15	11		35	105	53	70	34	30
	36	11	7	10	12	14		36	43	32	22	15	47
	37	0	0	0	0	0		37	9	219	19	21	55
	38	3	4	3	6	6		38	119	75	89	50	39
	39	2	2	5	3	0		39	2197	32	137	88	16
Ciudad de México	3	16	20	26	25	25	Chihuahua	3	30	24	43	28	17
	31	8	9	12	10	11		31	10	10	14	13	11
	32	25	23	30	31	24		32	57	17	121	59	135
	33	7	9	14	8	9		33	10	9	23	14	18
	34	15	17	22	24	21		34	11	14	22	21	11
	35	46	60	71	69	60		35	88	16	26	16	19
	36	16	22	30	37	36		36	12	9	14	19	15
	37	103	211	75	64	139		37	8	124	201	117	210
	38	17	23	34	34	37		38	67	69	102	50	12
	39	26	27	28	28	27		39	45	66	41	0	11
León	3	13	14	18	18	15	Ciudad Juárez	3	86	63	87	67	40
	31	6	7	7	6	8		31	10	8	9	8	6
	32	16	19	26	28	22		32	120	91	79	71	51
	33	3	3	5	4	3		33	9	29	33	41	11
	34	12	13	18	15	17		34	11	12	13	19	9
	35	18	18	25	26	26		35	81	131	66	61	59
	36	5	11	13	20	11		36	15	8	7	24	11
	37	5	7	17	17	16		37	63	0	47	11	5
	38	5	5	7	7	6		38	213	167	244	187	145
	39	154	12	11	14	14		39	1185	42	1872	71	7
Celaya	3	17	17	25	19	11	Durango	3	10	9	20	18	25
	31	15	15	28	18	5		31	7	7	10	10	10
	32	25	16	7	3	7		32	21	3	53	5	20
	33	3	4	4	5	4		33	23	23	54	47	76
	34	11	12	15	10	8		34	11	11	706	19	6
	35	51	71	96	54	10		35	11	18	51	21	9
	36	5	6	4	5	4		36	2	3	5	3	16
	37	493	331	283	44	0		37	0	0	9	0	0
	38	20	23	30	24	28		38	6	7	13	12	12
	39	14	6	2	2	0		39	3	8	8	0	2
Pachuca	3	11	8	18	19	14	Irapuato	3	18	17	19	17	13
	31	6	6	232	17	9		31	19	24	25	21	18
	32	55	24	21	23	15		32	48	27	32	15	19
	33	3	3	5	2	3		33	3	3	4	3	3
	34	5	7	10	14	6		34	8	10	7	8	8
	35	25	34	20	18	4		35	20	20	27	26	24
	36	7	12	6	56	28		36	14	13	13	8	9
	37	181	31	23	0	202		37	34	35	117	0	7

Especialización industrial y crecimiento urbano en México

		38	6	6	14	20	19		38	8	7	9	8	7
		39	53	22	2	13	0		39	80	21	62	286	16
Guadalajara		3	15	16	22	21	21	Acapulco de Juárez	3	3	6	7	7	8
		31	13	13	18	16	16		31	4	7	8	10	10
		32	17	21	39	41	34		32	2	2	2	2	2
		33	7	8	11	7	7		33	2	2	3	3	2
		34	9	10	11	11	8		34	5	9	9	6	5
		35	33	44	47	46	50		35	9	38	12	17	17
		36	7	10	14	22	17		36	7	16	17	27	35
		37	147	258	73	77	219		37	0	0	0	0	0
		38	19	17	21	18	23		38	2	2	2	3	5
		39	13	14	11	14	16		39	4	31	2	5	2
Puerto Vallarta		3	4	3	4	8	4	Morelia	3	5	6	8	8	7
		31	4	3	5	4	3		31	6	6	9	7	6
		32	2	2	2	3	3		32	8	6	6	3	3
		33	3	2	3	5	6		33	3	4	4	4	6
		34	8	8	20	7	7		34	8	11	10	19	26
		35	5	1	0	0	0		35	24	30	48	43	53
		36	8	19	4	4	2		36	3	3	4	4	5
		37	0	0	1	234	0		37	3	0	1	5	10
		38	3	2	3	2	3		38	5	5	6	7	3
		39	13	3	2	0	0		39	85	6	69	4	3
Toluca		3	17	25	40	44	35	Los Mochis	3	10	10	20	24	13
		31	10	14	19	19	15		31	16	15	35	58	23
		32	23	29	53	58	26		32	3	6	3	10	29
		33	5	7	17	10	12		33	2	4	7	10	2
		34	14	18	23	10	35		34	12	13	18	13	10
		35	109	104	153	115	85		35	19	78	76	24	12
		36	4	9	13	25	16		36	6	6	30	8	5
		37	14	47	113	41	274		37	0	0	0	7	0
		38	29	40	77	85	98		38	8	6	5	4	4
		39	432	212	5	41	2		39	3	2	1	2	1
Zamora		3	10	12	20	12	12	Culiacán	3	8	10	12	14	10
		31	19	22	36	21	21		31	10	15	15	22	17
		32	5	4	20	5	3		32	2	2	46	2	5
		33	3	3	4	3	2		33	6	4	10	6	6
		34	5	4	3	3	3		34	11	23	19	21	15
		35	10	27	2	0	0		35	16	18	264	17	7
		36	3	5	8	5	2		36	5	7	10	10	4
		37	1	0	0	0	0		37	0	0	11	0	0
		38	3	4	6	4	4		38	5	5	4	5	6
		39	9	9	0	5	0		39	5	4	5	8	3
Cuernavaca		3	11	15	26	22	22	Mazatlán	3	8	11	14	15	10
		31	5	7	10	8	7		31	13	19	20	22	12
		32	27	27	52	31	33		32	3	3	2	2	2
		33	2	3	4	3	4		33	2	2	2	3	2
		34	10	11	15	21	14		34	8	10	13	13	12
		35	67	104	150	133	107		35	10	8	17	11	25
		36	7	7	23	15	35		36	11	11	12	20	6
		37	0	0	5	11	0		37	0	0	47	0	0
		38	11	19	32	37	33		38	7	7	12	14	12
		39	21	73	117	17	27		39	2	2	4	3	0
Cuautla		3	6	7	8	11	5	Ciudad Obregón	3	13	13	18	17	14
		31	5	8	8	18	6		31	15	21	34	37	38

City	Code						City	Code					
	32	9	6	9	7	2		32	12	4	25	15	5
	33	2	2	2	2	2		33	3	3	2	4	3
	34	4	6	6	3	8		34	7	9	10	5	7
	35	276	265	256	22	5		35	15	21	121	13	14
	36	7	5	12	5	6		36	9	5	8	23	3
	37	0	0	3	0	0		37	0	1	10	0	0
	38	6	4	3	3	3		38	20	12	4	6	4
	39	2	27	6	0	0		39	3	12	1	0	1
Tepic	3	6	8	10	13	18	Hermosillo	3	16	12	17	14	16
	31	10	14	17	25	37		31	10	13	26	27	34
	32	5	3	66	8	3		32	50	18	39	5	4
	33	3	4	5	6	3		33	3	3	3	3	2
	34	5	6	6	4	4		34	8	9	12	13	12
	35	9	21	61	14	16		35	38	29	32	26	31
	36	3	4	3	1	4		36	12	14	20	37	21
	37	0	0	8	0	0		37	0	0	3	0	0
	38	2	3	5	6	7		38	29	16	21	9	9
	39	3	3	6	0	0		39	4	5	15	3	2
Monterrey	3	28	28	37	34	40	Villahermosa	3	7	10	18	18	9
	31	18	26	27	25	25		31	9	12	25	28	16
	32	27	20	48	32	30		32	2	2	2	2	3
	33	9	8	10	6	8		33	2	2	2	3	2
	34	15	15	24	22	22		34	7	12	10	10	4
	35	40	43	48	65	71		35	925	1099	939	206	14
	36	48	56	60	49	63		36	9	11	21	18	23
	37	235	74	142	183	757		37	0	0	0	0	6
	38	35	40	39	32	35		38	3	4	4	5	5
	39	17	3	14	17	18		39	8	8	3	3	0
Oaxaca	3	4	5	10	5	8	Matamoros	3	65	61	92	66	51
	31	4	7	14	7	5		31	11	11	15	14	8
	32	2	3	3	2	18		32	154	42	8	2	6
	33	6	8	16	1	9		33	4	3	2	2	2
	34	5	9	8	8	7		34	9	9	24	10	6
	35	13	17	34	37	14		35	226	183	282	464	198
	36	3	3	16	4	6		36	72	22	37	33	54
	37	0	3	2	0	0		37	0	70	64	23	0
	38	2	2	4	3	4		38	137	161	210	175	162
	39	3	4	5	2	2		39	8	77	309	0	136
Puebla	3	11	11	16	17	16	Nuevo Laredo	3	33	38	42	13	13
	31	6	9	10	9	8		31	9	10	11	11	10
	32	25	23	45	42	33		32	75	44	45	31	28
	33	7	5	6	4	3		33	6	10	4	3	2
	34	7	9	11	12	8		34	10	10	12	7	5
	35	33	34	42	40	146		35	122	502	181	39	27
	36	3	4	3	5	3		36	6	14	12	6	3
	37	615	305	301	24	273		37	0	0	3	6	0
	38	24	21	31	32	16		38	67	96	132	20	26
	39	11	5	3	11	3		39	25	95	27	4	8
Querétaro	3	24	22	50	57	59	Ciudad Victoria	3	8	6	5	5	3
	31	14	15	26	32	27		31	5	5	6	7	3
	32	29	18	1233	50	80		32	31	4	3	3	1
	33	3	4	3	2	2		33	2	2	3	5	6
	34	14	15	20	18	23		34	8	9	16	14	11
	35	67	72	1963	169	326		35	171	107	77	13	0
	36	34	28	51	103	66		36	2	3	3	4	5

City	Year						City	Year					
	37	68	56	278	22	54		37	0	0	5	8	0
	38	34	28	63	89	130		38	8	10	2	3	2
	39	123	95	59	16	11	Uruapan	39	2	12	0	0	0
Cancún	3	5	5	12	11	6		3	4	4	6	6	6
	31	4	5	7	12	7		31	4	6	6	6	5
	32	3	2	2	0	2		32	7	4	6	8	15
	33	3	4	8	12	3		33	3	3	5	5	4
	34	8	9	186	18	14		34	16	13	25	21	5
	35	72	8	4	0	0		35	7	15	170	23	46
	36	14	16	264	20	14		36	3	5	4	5	3
	37	0	0	0	3	0		37	0	0	0	1	0
	38	3	2	4	5	3		38	3	3	3	4	3
	39	13	4	4	0	0		39	2	6	2	3	0
San Luis Potosí	3	16	18	25	25	19	Ensenada	3	30	17	545	22	24
	31	12	15	17	17	13		31	19	20	1994	35	27
	32	17	23	35	49	31		32	83	16	323	11	7
	33	6	7	8	7	6		33	5	7	144	2	2
	34	15	15	22	26	22		34	11	7	270	15	33
	35	30	44	58	68	54		35	51	43	263	19	73
	36	9	7	7	13	13		36	7	9	340	28	35
	37	2559	236	3021	151	113		37	0	0	0	0	0
	38	21	23	26	23	21		38	39	18	1024	21	23
	39	382	20	254	11	10		39	101	57	2	17	0
Tampico	3	12	12	21	23	22	Tehuacán	3	19	12	15	13	12
	31	8	8	9	12	13		31	6	7	17	22	25
	32	6	3	4	5	3		32	67	37	36	26	9
	33	3	3	3	3	11		33	2	2	7	2	2
	34	6	8	10	9	6		34	7	12	20	10	7
	35	123	170	228	340	357		35	17	32	142	24	15
	36	8	6	11	13	8		36	3	5	4	4	3
	37	3	20	31	15	0		37	0	0	0	0	0
	38	10	8	16	8	5		38	2	3	3	3	4
	39	30	37	12	3	1		39	6	13	13	3	0
Reynosa	3	51	45	52	23	47	Campeche	3	7	8	11	12	9
	31	9	8	14	12	52		31	9	11	12	14	9
	32	75	34	49	24	29		32	2	2	2	1	2
	33	3	16	4	4	2		33	4	5	11	9	10
	34	27	24	8	6	14		34	13	17	164	32	11
	35	201	973	594	309	179		35	122	21	67	0	4
	36	33	30	159	12	14		36	171	18	17	30	30
	37	24	59	3	3	0		37	0	0	0	0	0
	38	111	123	153	37	66		38	3	4	4	7	8
	39	130	26	8	0	42		39	15	16	5	17	0
Tlaxcala	3	9	10	20	18	17	Tapachula	3	4	5	6	6	5
	31	3	4	5	5	10		31	6	8	10	10	8
	32	16	15	45	46	30		32	2	2	2	4	1
	33	2	2	24	3	2		33	2	2	2	2	5
	34	5	5	9	6	2		34	8	9	6	4	4
	35	53	14	2	7	0		35	124	46	9	5	3
	36	27	25	4	8	3		36	5	4	5	6	4
	37	0	0	1	0	0		37	0	0	0	0	0
	38	5	13	15	15	21		38	2	2	2	2	2
	39	4	28	0	6	0		39	1	6	1	2	0
Orizaba	3	11	16	28	33	34	La Paz	3	9	8	10	13	10
	31	7	12	19	30	47		31	12	11	16	16	20

Rosa María García Almada
Isaac Leobardo Sánchez Juárez

	32	17	23	90	86	32		32	37	20	280	15	5
	33	3	3	4	5	2		33	2	3	3	3	3
	34	36	61	103	8	12		34	8	10	9	6	10
	35	97	580	308	87	77		35	75	11	2	198	0
	36	44	52	54	93	32		36	3	4	5	6	5
	37	61	126	0	36	0		37	0	0	4	0	0
	38	4	4	6	7	2		38	4	5	5	4	5
	39	15	3	1	0	0		39	5	3	0	2	0
Veracruz	3	7	9	23	30	22	Nogales	3	69	63	111	87	109
	31	7	11	15	17	15		31	7	5	5	10	20
	32	3	2	2	3	3		32	115	103	303	211	119
	33	2	3	3	2	3		33	4	4	3	2	32
	34	6	7	9	7	6		34	21	28	5	30	11
	35	23	25	24	24	21		35	173	33	3	0	0
	36	11	8	10	19	9		36	24	11	156	35	11
	37	1268	372	840	724	1758		37	0	0	9	0	0
	38	6	10	34	37	20		38	113	123	154	119	213
	39	25	3	9	1	6		39	185	176	223	449	153
Xalapa	3	4	5	7	7	7	Promedio	3	18	16	36	23	21
	31	4	6	8	9	12		31	9	11	52	16	14
	32	8	4	6	7	1		32	32	18	62	24	20
	33	2	2	3	2	2		33	4	5	10	6	15
	34	7	11	13	13	5		34	10	12	43	12	14
	35	27	104	214	8	4		35	242	199	320	100	50
	36	4	5	7	8	4		36	28	12	35	18	16
	37	0	0	0	0	0		37	182	142	299	60	92
	38	3	3	5	5	5		38	25	25	51	25	26
	39	3	6	2	0	0		39	114	38	64	23	11

Fuente: Elaboración propia con base en los censo correspondientes, específicamente los datos de empleo y unidades económicas.

Cuadro 3 Correlación de las variables para las ramas de la industria en la ciudad

Ciudad	Rama	Correlación TM-PR	TM-WS	WS-PR	Ciudad	Rama	Correlación TM-PR	TM-WS	WS-PR
Aguascalientes	3	-0.5280	-0.5307	0.9931	Minatitlán	3	-0.0430	0.0763	0.6404
	31	0.0074	0.0811	0.9932		31	0.0249	0.0109	0.9929
	32	-0.1943	-0.2341	0.9985		32	-0.3280	-0.3319	0.9989
	33	-0.0952	-0.1041	0.9978		33	0.9999	1.0000	0.9999
	34	-0.2702	-0.2958	0.9987		34	0.5815	0.5792	0.9993
	35	-0.3880	-0.3425	0.9970		35	-0.8427	-0.8884	0.9756
	36	-0.5468	-0.4255	0.5202		36	-0.0574	-0.1523	0.9954
	37	0.6707	0.3795	0.9408		37	1.0000	1.0000	1.0000
	38	-0.5796	-0.5712	0.9143		38	0.8337	0.4030	0.7639
	39	0.7714	0.6266	0.9295		39	0.9057	0.9685	0.8436
Tijuana	3	-0.5628	-0.6349	0.9838	Córdoba	3	0.3344	0.3121	0.9944
	31	-0.3939	-0.3780	0.9736		31	0.1665	0.2044	0.9880
	32	-0.7620	-0.7953	0.9974		32	-0.5066	-0.4397	0.9927
	33	0.7451	0.7595	0.9996		33	0.3240	0.3331	0.9994
	34	0.1548	0.2739	0.9906		34	0.3775	0.3610	0.9992
	35	-0.1549	-0.0944	0.9977		35	-0.2817	-0.3361	0.9921
	36	-0.1746	-0.1544	0.9963		36	0.4950	0.4973	1.0000
	37	1.0000	1.0000	1.0000		37	0.9126	0.7544	0.5008
	38	-0.5682	-0.5856	0.8726		38	0.8681	0.8748	0.9993
	39	0.6215	0.5478	0.9922		39	-0.0286	0.6146	0.7578
Torreón	3	-0.0914	-0.1073	0.9997	Coatzacoalcos	3	-0.3103	-0.1709	0.9762
	31	0.0036	0.0824	0.9914		31	0.3584	0.3397	0.9876
	32	-0.6261	-0.6405	0.9995		32	-0.4590	-0.4528	0.9993
	33	-0.5950	-0.5876	0.9996		33	-0.6062	-0.5597	0.9976
	34	-0.9425	-0.9365	0.9314		34	0.9996	0.9997	0.9994
	35	-0.5443	-0.2913	0.8401		35	-0.5531	-0.6032	0.8630
	36	-0.4247	-0.3543	0.9912		36	-0.4716	-0.4501	0.9971
	37	-0.4555	-0.4097	0.9986		37	1.0000	1.0000	1.0000
	38	-0.7043	-0.7068	0.9983		38	0.6308	0.4794	0.9816
	39	-0.3991	-0.4113	0.9614		39	0.0659	0.0651	0.4347
Saltillo	3	0.3281	0.1288	0.9575	Poza Rica	3	-0.1295	-0.0758	0.9961
	31	-0.9351	-0.8791	0.9726		31	-0.2847	-0.2989	0.9988
	32	-0.4670	-0.5216	0.9939		32	0.9997	0.9998	1.0000
	33	-0.7862	-0.8008	0.9983		33	-0.5372	-0.4842	0.9974
	34	0.6002	0.7059	0.9350		34	-0.1410	-0.1425	0.9971
	35	0.2199	0.6375	0.8241		35	-0.4355	-0.5357	0.9769
	36	0.8755	0.9422	0.9649		36	-0.4813	-0.3579	0.9827
	37	-0.2575	-0.4742	0.9664		37	1.0000	1.0000	1.0000
	38	-0.4698	0.2461	0.8931		38	0.8543	0.8432	0.9996
	39	-0.3341	-0.3945	0.9966		39	0.9401	0.9007	0.9949
Monclova	3	0.1647	0.1837	0.9838	Mérida	3	0.4755	0.4597	0.9985
	31	0.0317	-0.0240	0.9865		31	0.2866	0.3294	0.9955
	32	0.0046	0.0405	0.9990		32	0.8538	0.8493	0.9992
	33	-0.3884	-0.3492	0.9977		33	-0.5338	-0.5355	0.9997
	34	-0.1876	-0.1817	0.9999		34	-0.7760	-0.7873	0.9994
	35	-0.4087	-0.1517	0.9062		35	-0.7369	-0.7847	0.9933
	36	0.4219	0.3685	0.9864		36	-0.2775	-0.2132	0.9929
	37	-0.4587	-0.3980	0.9027		37	0.1885	0.8287	0.6092
	38	0.9911	0.9834	0.9970		38	-0.6453	-0.6598	0.9976
	39	0.6943	0.9411	0.7825		39	-0.2619	-0.2756	0.9998
Colima	3	-0.2186	-0.1636	0.9977	Zacatecas	3	0.1096	0.1691	0.9970
	31	0.1039	0.1519	0.9980		31	-0.4980	-0.5011	0.9988
	32	-0.7285	-0.5420	0.8464		32	-0.8173	0.8671	-0.8080
	33	-0.1902	-0.2766	0.9758		33	-0.2197	-0.2021	0.9994
	34	-0.5217	-0.4108	0.9302		34	-0.3063	-0.2523	0.9647
	35	-0.2302	-0.1872	0.9892		35	-0.2899	-0.2033	0.9934
	36	-0.3379	-0.3239	0.9915		36	0.0967	0.1154	0.9998
	37	1.0000	1.0000	1.0000		37	0.9631	0.9138	0.7708
	38	-0.6289	-0.6316	0.9982		38	-0.1389	-0.0757	0.9973
	39	0.3754	0.5291	0.9746		39	0.4652	0.8049	0.0817
Tuxtla Gutiérrez	3	0.6687	0.6975	0.9947	Mexicali	3	-0.5624	-0.5792	0.9993
	31	0.2604	0.2857	0.9901		31	-0.6169	-0.6489	0.9950
	32	0.2898	0.3374	0.9985		32	0.3942	0.3494	0.9986
	33	0.9200	0.9229	0.9990		33	-0.3801	-0.3460	0.9987
	34	-0.1550	-0.1799	0.9996		34	-0.6618	-0.7029	0.9980
	35	-0.4358	-0.4687	0.9428		35	-0.5075	-0.5295	0.9970
	36	0.7217	0.7171	0.9986		36	0.6443	0.6723	0.9974
	37	0.0000	0.0000	0.0000		37	-0.3702	-0.0052	-0.1193
	38	0.4822	0.5081	0.9995		38	-0.5677	-0.5965	0.9965
	39	0.7305	0.8635	0.6628		39	-0.0901	-0.2305	0.9894
Ciudad de México	3	0.2669	0.2685	0.9989	Chihuahua	3	-0.6300	-0.6938	0.9954
	31	0.2905	0.2915	0.9980		31	-0.3572	-0.2378	0.9764
	32	-0.4135	-0.3875	0.9992		32	0.6430	0.6461	0.9996
	33	-0.1049	-0.1171	0.9991		33	0.1750	0.2761	0.9933
	34	0.1513	0.1572	0.9980		34	-0.3693	-0.5564	0.9435
	35	-0.0848	-0.1195	0.9984		35	-0.3568	-0.2620	0.9811
	36	0.4466	0.4524	0.9988		36	0.1292	0.1327	0.9976
	37	0.2207	0.2130	0.9967		37	0.3994	0.5705	0.6734
	38	0.5047	0.5184	0.9981		38	-0.6650	-0.8098	0.9702
	39	-0.2876	-0.2718	0.9986		39	-0.3236	-0.3761	0.9968
León	3	-0.1232	-0.1205	0.9985	Ciudad Juárez	3	-0.8199	-0.8290	0.9998
	31	0.8271	0.8566	0.9935		31	-0.7785	-0.7472	0.9944
	32	-0.0403	-0.0197	0.9983		32	-0.6517	-0.6658	0.9986
	33	-0.3026	-0.3401	0.9964		33	-0.5306	-0.4979	0.9971

	34	0.3322	0.3383	0.9986		34	-0.6380	-0.5801	0.9472
	35	0.4514	0.4369	0.9992		35	-0.4442	-0.4036	0.9966
	36	-0.0652	-0.0807	0.9988		36	-0.1872	-0.1199	0.9957
	37	0.6575	0.3360	0.5670		37	-0.2724	-0.3094	0.9872
	38	0.0724	0.1212	0.9968		38	-0.6697	-0.6773	0.9998
	39	-0.2200	-0.2924	0.9684		39	-0.4150	-0.4116	0.9981
Celaya	3	-0.7293	-0.7574	0.9978	Durango	3	0.6448	0.6536	0.9991
	31	-0.7629	-0.8006	0.9749		31	0.3866	0.4642	0.9951
	32	-0.5635	0.0630	0.6565		32	-0.0300	-0.0354	0.9993
	33	-0.0011	0.0373	0.9938		33	0.7604	0.7657	0.9996
	34	-0.7354	-0.7629	0.9990		34	-0.2949	-0.3366	0.9914
	35	-0.5828	-0.8476	0.8048		35	-0.3938	-0.5529	0.9506
	36	-0.4546	-0.5317	0.9911		36	0.9885	0.9895	0.9998
Celaya	37	0.0788	0.8754	0.4036	Durango	37	1.0000	1.0000	1.0000
	38	0.3817	0.3871	0.9877		38	0.2599	0.3518	0.9904
	39	0.2670	0.2785	-0.3274		39	-0.3015	-0.2292	0.9965
Pachuca	3	-0.0933	-0.0320	0.9934	Irapuato	3	-0.8731	-0.9058	0.9970
	31	-0.4320	-0.3336	0.8568		31	-0.7292	-0.6754	0.9920
	32	-0.4470	-0.4461	0.9977		32	-0.1689	-0.4112	0.9624
	33	-0.1857	-0.2866	0.9932		33	-0.6424	-0.6508	0.9947
	34	-0.4788	-0.4080	0.9847		34	0.0635	-0.0850	0.9871
	35	-0.4901	-0.6157	0.9688		35	0.1067	0.0946	0.9997
	36	0.0206	0.1610	0.9188		36	-0.1702	-0.3159	0.9861
	37	0.4961	0.7062	0.8753		37	-0.2239	-0.2954	0.9893
	38	0.5511	0.5320	0.9989		38	-0.4669	-0.5050	0.9857
	39	0.2546	0.6208	0.6775		39	-0.4209	-0.4800	0.9842
Guadalajara	3	0.2996	0.3233	0.9985	Acapulco	3	0.5957	0.6264	0.9965
	31	0.0979	0.1183	0.9963		31	0.5023	0.5394	0.9958
	32	0.2088	0.2151	0.9999		32	0.0992	0.0483	0.9982
	33	-0.4463	-0.4480	0.9985		33	-0.3142	-0.3138	0.9902
	34	-0.8051	-0.8112	0.9975		34	-0.6140	-0.5495	0.9719
	35	0.4638	0.4700	0.9996		35	-0.0329	-0.1528	0.9813
	36	0.2805	0.2856	0.9928		36	0.5599	0.7287	0.9616
	37	0.4610	-0.1116	0.4843		37	0.0000	0.0000	0.0000
	38	0.7641	0.7271	0.9981		38	0.9901	0.9719	0.9942
	39	0.8148	0.8145	0.9992		39	-0.2333	-0.3029	0.9970
Puerto Vallarta	3	-0.4295	-0.3152	0.9332	Morelia	3	0.1570	0.2017	0.9977
	31	-0.2398	-0.6580	0.8358		31	-0.4515	-0.4154	0.9958
	32	0.7320	0.6054	0.9758		32	-0.5658	-0.5263	0.9860
	33	0.6846	0.8381	0.9283		33	0.8715	0.8817	0.9962
	34	-0.3281	-0.3875	0.9947		34	0.7542	0.8556	0.9721
	35	0.2262	0.9799	0.0271		35	0.5897	0.5757	0.9994
	36	-0.5759	-0.3721	0.7680		36	0.7435	0.7750	0.9950
	37	-0.2460	1.0000	-0.2500		37	0.9333	0.9451	0.9984
	38	-0.0461	-0.0187	0.9924		38	-0.7673	-0.7629	0.9967
	39	0.9174	0.7441	0.9118		39	0.1495	-0.2887	0.5927
Toluca	3	0.0813	0.2330	0.9767	Los Mochis	3	-0.2617	-0.2640	0.9997
	31	-0.1797	0.3364	0.5541		31	-0.2076	-0.2220	0.9989
	32	-0.4095	-0.4128	0.9995		32	0.9610	0.9723	0.9926
	33	0.2069	0.1501	0.5620		33	-0.7081	-0.3511	0.8231
	34	0.8637	0.8662	0.9998		34	-0.6690	-0.6949	0.9957
	35	-0.6424	-0.6752	0.9928		35	-0.2292	-0.6108	0.7534
	36	0.2215	0.1654	0.9983		36	-0.3250	-0.4020	0.9956
	37	0.9708	0.9392	0.9878		37	1.0000	1.0000	1.0000
	38	0.4710	0.5826	0.9892		38	-0.4722	-0.4524	0.9976
	39	-0.2646	0.2556	0.5903		39	-0.3105	-0.2172	0.9953
Zamora	3	-0.2687	-0.2629	0.9953	Culiacán	3	-0.1427	-0.1541	0.9986
	31	-0.3197	-0.2996	0.9929		31	0.1794	0.1869	0.9974
	32	0.5478	-0.3292	0.5941		32	-0.2319	-0.1983	0.9949
	33	-0.5192	-0.5251	0.9996		33	-0.1330	-0.0824	0.9933
	34	-0.5813	-0.5291	0.9863		34	-0.4335	-0.3764	0.9963
	35	0.6396	0.4095	-0.0359		35	-0.3569	-0.3470	0.9980
	36	-0.2335	-0.6883	0.4320		36	-0.6824	-0.6184	0.9948
	37	1.0000	1.0000	1.0000		37	1.0000	1.0000	1.0000
	38	0.0626	0.0759	0.9980		38	0.8008	0.8005	0.9995
	39	0.7912	0.3124	0.4767		39	-0.6509	-0.5529	0.9815
Cuernavaca	3	0.3331	0.2193	0.9724	Mazatlán	3	-0.4284	-0.3349	0.9935
	31	-0.1501	-0.2394	0.9928		31	-0.7363	-0.6189	0.9852
	32	-0.0284	-0.0607	0.9980		32	-0.3488	-0.3076	0.9889
	33	0.3905	0.3907	0.9988		33	-0.8971	-0.8753	0.9978
	34	-0.0341	-0.0887	0.9531		34	0.2211	0.1639	0.9973
	35	-0.2597	-0.1662	0.9946		35	0.9291	0.8765	0.8605
	36	0.7194	0.8219	0.9773		36	-0.6217	-0.5929	0.9950
	37	0.9425	0.6014	0.8338		37	1.0000	1.0000	1.0000
	38	0.3860	0.3120	0.8493		38	0.2549	0.2909	0.9946
	39	-0.0064	-0.1808	0.9615		39	0.6271	0.8254	0.4838
Cuautla	3	-0.6415	-0.5362	0.9903	Ciudad Obregón	3	-0.1607	-0.1723	0.9998
	31	-0.4465	-0.3241	0.9905		31	0.4081	0.4282	0.9994
	32	-0.5388	-0.7281	0.6887		32	-0.4519	-0.4454	0.9944
	33	-0.7279	-0.7359	0.9988		33	-0.0529	-0.0333	0.9993
	34	0.8409	0.8081	0.9965		34	-0.0605	-0.1155	0.9976
	35	-0.6734	-0.6154	0.9952		35	-0.2639	-0.3124	0.9944
	36	-0.1387	-0.1484	0.8299		36	-0.5300	-0.4101	0.9863
	37	1.0000	1.0000	1.0000		37	0.9996	0.9951	0.9976
	38	-0.0298	-0.2040	0.9834		38	-0.3804	-0.3476	0.9989
	39	0.0210	0.6487	0.7635		39	-0.1412	-0.1905	0.9854
Tepic	3	0.8433	0.8591	0.9995	Hermosillo	3	0.0589	0.0995	0.9733
	31	0.8176	0.8361	0.9994		31	0.6298	0.6638	0.9978
	32	-0.3119	-0.3444	0.9943		32	-0.6970	-0.5775	0.9794
	33	-0.5706	-0.6395	0.9900		33	-0.8184	-0.8496	0.9967
	34	-0.6002	-0.5447	0.9959		34	0.1743	0.2536	0.9923
	35	-0.1798	-0.3450	0.9616		35	-0.0184	-0.0192	0.9999
	36	-0.8521	-0.5209	0.8871		36	-0.5451	-0.0488	0.8268
	37	1.0000	1.0000	1.0000		37	1.0000	1.0000	1.0000
	38	0.5761	0.6529	0.9947		38	0.1392	-0.4184	0.7315
	39	0.8327	0.8626	0.9942		39	-0.3922	-0.5933	0.9323
Monterrey	3	0.6598	0.6431	0.9994	Villahermosa	3	-0.6391	-0.3469	0.9270
	31	0.2157	0.1438	0.9958		31	-0.2334	-0.1290	0.9929
	32	-0.0162	-0.0774	0.9978		32	0.8310	0.8368	0.9977
	33	-0.2312	-0.2452	0.9999		33	-0.4218	-0.4473	0.9994
	34	0.2714	0.2551	0.9992		34	-0.8553	-0.7945	0.9913

	35	0.7547	0.7149	0.9941		35	0.2083	-0.5627	0.3422
	36	0.6437	0.6424	0.9998		36	0.4355	0.5863	0.9825
	37	0.9874	0.9732	0.9826		37	1.0000	1.0000	1.0000
	38	-0.1419	-0.1291	0.9988		38	0.5303	0.5107	0.9990
	39	0.4186	0.3976	0.9982		39	0.8071	0.7002	0.8674
Oaxaca	3	0.3334	0.3059	0.9992	Matamoros	3	-0.6375	-0.6223	0.9953
	31	-0.2453	-0.3012	0.9969		31	-0.7911	-0.7442	0.9534
	32	0.9992	0.9991	0.9999		32	-0.2233	-0.2041	0.9978
	33	-0.4418	-0.5608	0.9743		33	-0.3490	-0.3763	0.9492
	34	0.0275	0.0272	0.9982		34	-0.5301	-0.5210	0.9984
	35	-0.4378	-0.4062	0.9993		35	-0.2885	-0.4326	0.9228
	36	-0.0731	-0.0703	1.0000		36	0.2466	0.2760	0.9900
	37	0.9034	0.6742	0.9258		37	0.8651	0.8826	0.9870
	38	0.3933	0.3896	0.9991		38	-0.1798	-0.2001	0.9974
	39	0.1593	-0.7216	-0.3365		39	0.1774	0.1800	1.0000
Puebla	3	0.2755	0.2619	0.9992	Nuevo Laredo	3	-0.5285	-0.5614	0.9983
	31	-0.2789	-0.2131	0.9919		31	-0.2913	-0.1118	0.9772
	32	-0.0253	-0.0239	0.9997		32	-0.5529	-0.5286	0.9953
	33	-0.5469	-0.5892	0.9967		33	-0.2176	-0.2624	0.9876
	34	-0.3219	-0.3025	0.9995		34	-0.7537	-0.7301	0.9977
	35	0.9969	0.9952	0.9998		35	-0.3022	-0.3136	0.9913
	36	-0.0792	-0.1085	0.9989		36	-0.5782	-0.5941	0.9229
	37	0.1669	-0.0233	0.9744		37	0.9340	0.9338	0.7443
	38	-0.6857	-0.7659	0.9835		38	-0.4871	-0.4955	0.9952
	39	-0.3981	-0.2755	0.9527		39	-0.3719	-0.3158	0.9980
Querétaro	3	0.4577	0.4733	0.9965	Ciudad Victoria	3	-0.7479	-0.7538	0.9992
	31	0.0473	0.1818	0.9859		31	-0.8390	-0.8004	0.9965
	32	-0.1541	-0.1842	0.9967		32	-0.2642	0.2227	0.7720
	33	-0.4975	-0.4098	0.9929		33	0.7495	0.7746	0.9990
	34	0.7279	0.6842	0.9972		34	-0.2719	-0.1927	0.9834
	35	-0.0869	-0.1585	0.9951		35	-0.2443	0.8510	0.2883
	36	0.0236	0.1041	0.9109		36	0.4940	0.6556	0.9755
	37	-0.2562	-0.2606	0.9932		37	0.9968	0.9977	0.9892
	38	0.7959	0.7956	0.9970		38	-0.2997	-0.1790	0.9918
	39	-0.5905	-0.6313	0.9976		39	0.8359	0.9916	0.7578
Cancún	3	-0.3260	-0.3021	0.9970	Uruapan	3	0.3502	0.2792	0.9956
	31	-0.0596	0.0015	0.9979		31	-0.0546	-0.0878	0.9986
	32	0.1699	0.2369	0.9904		32	0.9282	0.9327	0.9993
	33	-0.4634	-0.4422	0.9997		33	-0.2904	-0.2141	0.9887
	34	-0.3532	-0.3325	0.9883		34	0.4523	-0.8102	0.0397
	35	0.2408	0.4069	0.9782		35	0.0865	-0.1534	0.9661
	36	-0.1279	-0.2390	0.9706		36	-0.4751	-0.6534	0.9386
	37	1.0000	1.0000	1.0000		37	0.0000	0.0000	0.0000
	38	-0.1884	-0.1187	0.9956		38	-0.2246	-0.1109	0.9890
	39	0.7364	0.5649	0.8770		39	0.8303	0.8912	0.8583
San Luis Potosí	3	-0.2639	-0.2373	0.9970	Ensenada	3	-0.2437	-0.2648	0.9991
	31	-0.4750	-0.4307	0.9490		31	-0.2309	-0.2510	0.9997
	32	-0.1510	-0.0062	0.9848		32	-0.3462	-0.3368	0.9998
	33	-0.6295	-0.6084	0.9983		33	-0.3144	-0.3088	0.9928
	34	0.1646	0.1344	0.9933		34	-0.2098	-0.2192	0.9989
	35	0.0595	0.0672	0.9990		35	-0.1487	-0.1468	0.9979
	36	0.4380	0.5490	0.9586		36	-0.3263	-0.2843	0.9912
	37	-0.3665	-0.4354	0.9928		37	0.0000	0.0000	0.0000
	38	-0.4999	-0.4698	0.9957		38	-0.2430	-0.2778	0.9989
	39	-0.1939	-0.3175	0.6562		39	0.5865	0.4574	0.9406
Tampico	3	0.3735	0.4123	0.9837	Tehuacán	3	-0.4384	-0.4383	0.9993
	31	0.6172	0.6736	0.9951		31	0.4771	0.5817	0.9922
	32	-0.4655	-0.4356	0.9990		32	-0.6868	-0.6681	0.9994
	33	0.9818	0.9986	0.9898		33	-0.0645	-0.1439	0.9955
Tampico	34	-0.4792	-0.5118	0.9981	Tehuacán	34	-0.4537	-0.0470	0.8500
	35	0.3693	0.5709	0.9004		35	-0.3511	-0.3813	0.9975
	36	-0.4754	-0.3089	0.9773		36	-0.3472	-0.4409	0.9970
	37	-0.2994	-0.2304	0.9273		37	0.0000	0.0000	0.0000
	38	-0.6537	-0.6478	0.9875		38	0.8202	0.8272	0.9992
	39	-0.5816	0.6379	-0.6084		39	0.6844	0.5506	0.9132
Reynosa	3	-0.2580	0.1801	0.8774	Campeche	3	-0.1923	-0.2059	0.9998
	31	0.4199	0.7962	0.5743		31	-0.4589	-0.4873	0.9988
	32	-0.3972	-0.3378	0.8995		32	0.4813	0.5403	0.9967
	33	-0.5516	-0.2748	0.9460		33	0.3990	0.4321	0.9960
	34	0.0677	-0.0071	0.9680		34	-0.3625	-0.3473	0.9943
	35	-0.1939	-0.4432	-0.3916		35	-0.4330	-0.2368	0.9771
	36	-0.4897	-0.4773	0.9491		36	-0.1758	-0.1938	0.9996
	37	0.9263	0.9218	0.9981		37	0.0000	0.0000	0.0000
	38	-0.4318	-0.3757	0.9866		38	0.7585	0.7619	0.9998
	39	0.0670	0.0789	0.9946		39	0.7488	0.6286	0.7938
Tlaxcala	3	0.1715	0.2044	0.9989	Tapachula	3	-0.1248	-0.0729	0.9950
	31	0.9573	0.9701	0.9979		31	-0.2516	-0.2019	0.9934
	32	-0.0127	-0.0181	0.9999		32	-0.5671	0.6612	-0.5091
	33	-0.1541	-0.2796	0.9767		33	0.9892	0.9897	1.0000
	34	-0.7409	-0.8664	0.9404		34	-0.3822	-0.4779	0.9697
	35	0.5959	0.4343	0.9585		35	-0.1396	-0.0577	0.9863
	36	0.7141	0.5724	0.9506		36	-0.4840	-0.4377	0.9874
	37	1.0000	0.0000	0.0000		37	0.0000	0.0000	0.0000
	38	0.6689	0.6761	0.9965		38	-0.0967	0.5053	0.7769
	39	0.2431	0.2115	0.9956		39	0.8920	0.9624	0.7662
Orizaba	3	0.4363	0.5098	0.9948	La Paz	3	-0.0347	0.0021	0.9977
	31	0.7155	0.8369	0.9744		31	0.6721	0.7148	0.9950
	32	-0.1082	-0.1943	0.9632		32	-0.3382	-0.3172	0.9983
	33	-0.6909	-0.6200	0.9897		33	0.7008	0.7308	0.9854
	34	-0.3979	-0.3373	0.9487		34	0.4338	0.4067	0.9928
	35	-0.2334	-0.2955	0.9952		35	0.3466	0.8730	0.5500
	36	-0.7237	-0.5849	0.9777		36	0.3937	0.2056	0.8938
	37	0.8245	0.9973	0.8363		37	1.0000	0.0000	0.0000
	38	-0.3011	-0.7074	0.7916		38	0.5036	0.4584	0.9960
	39	0.8500	0.9975	0.8112		39	0.4970	0.9207	0.6792
Veracruz	3	0.1848	0.2303	0.9961	Nogales	3	0.5077	0.5000	0.9999
	31	0.2986	0.3301	0.9984		31	0.9398	0.9523	0.9991
	32	0.3192	0.3195	1.0000		32	-0.3676	-0.3597	0.9998
	33	-0.0466	-0.0557	0.9999		33	0.9862	0.9981	0.9934

	34	-0.4579	-0.4511	0.9997	34	-0.3693	-0.3338	0.9971
	35	-0.7829	-0.8732	0.9389	35	0.3449	0.7760	0.7911
	36	-0.3960	-0.3348	0.9971	36	-0.4884	-0.4984	0.9993
	37	0.8756	0.8435	0.9318	37	1.0000	1.0000	1.0000
	38	0.0225	-0.0646	0.9791	38	0.9191	0.9143	0.9997
	39	-0.3028	-0.1159	0.9175	39	-0.4640	-0.4157	0.9869
Xalapa	3	0.1561	0.2598	0.9939				
	31	0.7001	0.7874	0.9909				
	32	-0.7446	-0.3936	0.8274				
Xalapa	33	-0.6970	-0.6831	0.9993				
	34	-0.7672	-0.7321	0.9958				
	35	0.0840	0.1221	0.9934				
	36	-0.5983	-0.5324	0.9955				
	37	0.0000	0.0000	0.0000				
	38	0.4427	0.5344	0.9891				
	39	0.8628	0.4426	0.8344				

Fuente: Elaboración propia.

Cuadro 4 Regionalización de las ciudades en estudio

Región Fronteriza		Región Centro Sur	
No.	Ciudades	No.	Ciudades
1	Ciudad Juárez	1	Acapulco de Juárez
2	Matamoros	2	Campeche
3	Mexicali	3	Cancún
4	Nogales	4	Ciudad de México
5	Nuevo Laredo	5	Coatzacoalcos
6	Reynosa	6	Colima
7	Tampico	7	Córdoba
8	Tijuana	8	Cuautla
Región Norte		9	Cuernavaca
	Ciudades	10	Guadalajara
1	Chihuahua	11	Mérida
2	Ciudad Obregón	12	Minatitlán
3	Ciudad Victoria	13	Morelia
4	Ensenada	14	Oaxaca
5	Hermosillo	15	Orizaba
6	Monclova	16	Pachuca
7	Monterrey	17	Poza Rica
8	Saltillo	18	Puebla
9	Torreón	19	Puerto Vallarta
Región Centro Norte		20	Tapachula
	Ciudades	21	Tehuacán
1	Aguascalientes	22	Tlaxcala
2	Celaya	23	Toluca
3	Culiacán	24	Tuxtla Gutiérrez
4	Durango	25	Uruapan
5	Irapuato	26	Veracruz
6	La Paz	27	Villahermosa
7	León	28	Xalapa
8	Los Mochis	29	Zamora
9	Mazatlán		
10	Querétaro		
11	San Luis Potosí		
12	Tepic		
13	Zacatecas		

Fuente: Elaboración propia con base en la regionalización de Hiernaux (1995) y Sobrino (2003)

Especialización industrial y crecimiento urbano en México se imprime en línea a solicitud del usuario en los talleres de Lulu editorial, por lo cual cuenta con un tiraje que depende de quien lo decide adquirir.

www.ingramcontent.com/pod-product-compliance
Lightning Source LLC
Chambersburg PA
CBHW070232180526
45158CB00001BA/436